MANUEL
DE L'ARTILLEUR
DE LA
GARDE NATIONALE,

FAISANT SUITE

A L'INSTRUCTION OFFICIELLE

SUR LES MANŒUVRES ET EXERCICES

DE

L'ARTILLERIE DE BATAILLE;

ET RENFERMANT :

1° D'examen détaillé du matériel de campagne ;
2° La composition des batteries et de leur personnel ;
3° La manière d'atteler et de conduire les voitures d'artillerie ;
4° L'approvisionnement et le chargement des caissons à munitions ;
5° Les évolutions de l'artillerie combinées avec celles de l'infanterie ou de la cavalerie ;
6° Une instruction sur le service de l'artillerie en campagne ;
7° L'étude des effets de l'artillerie de bataille ;

PAR M. LEVASSEUR,

OFFICIER D'ARTILLERIE, INSTRUCTEUR EN CHEF DES BATTERIES
DE LA GARDE NATIONALE

PARIS,

ANSELIN, SUCCESSEUR DE MAGIMEL,
LIBRAIRE POUR L'ART MILITAIRE, RUE DAUPHINE

1831

MANUEL DE L'ARTILLEUR

DE LA

GARDE NATIONALE.

ARTILLERIE DE BATAILLE.

DE L'IMPRIMERIE DE AMB. FIRMIN DIDOT,
RUE JACOB, N° 24.

MANUEL

DE L'ARTILLEUR

DE LA

GARDE NATIONALE,

FAISANT SUITE

A L'INSTRUCTION OFFICIELLE

SUR LES MANŒUVRES ET EXERCICES

DE

L'ARTILLERIE DE BATAILLE;

ET RENFERMANT :

1° L'examen détaillé du matériel de campagne ;
2° La composition des batteries et de leur personnel ;
3° La manière d'atteler et de conduire les voitures d'artillerie ;
4° L'approvisionnement et le chargement des caissons à munitions ;
5° Les évolutions de l'artillerie combinées avec celles de l'infanterie ou de la cavalerie ;
6° Une instruction sur le service de l'artillerie en campagne ;
7° L'étude des effets de l'artillerie de bataille ;

Par M. LEVASSEUR,

OFFICIER D'ARTILLERIE, INSTRUCTEUR EN CHEF DES BATTERIES DE LA GARDE NATIONALE.

PARIS,

ANSELIN, SUCCESSEUR DE MAGIMEL,

LIBRAIRE POUR L'ART MILITAIRE, RUE DAUPHINE, N° 9.

1830.

AVANT-PROPOS.

Un artilleur, pour mériter ce titre, ne doit pas seulement savoir exécuter une bouche à feu, c'est-à-dire charger et tirer le canon; il doit encore connaître le matériel qu'il emploie, savoir l'entretenir et le réparer au besoin, l'amener sur le champ de bataille, l'employer alors de la manière la plus efficace en combinant ses mouvemens avec ceux des autres armes. Il doit également connaître les moyens de transport et de conservation des munitions, dont la confection est particulièrement confiée à une classe d'artilleurs désignés sous le nom d'*artificiers*. Il faut, en outre, qu'il sache quels sont les effets des différens projectiles qu'il peut employer, suivant les distances, les charges et la nature des objets à battre. Toutes ces notions sont indispensables aux officiers et aux sous-officiers d'artillerie; elles sont utiles aux canonniers eux-mêmes, dont l'instruction doit assurer le succès de leur arme, et c'est pour les rendre familières

I.

à tous qu'elles ont été réunies et exposées, avec le plus de précision et de clarté possible, dans cet ouvrage, rédigé spécialement pour l'artillerie de la Garde nationale.

MANUEL

DE L'ARTILLEUR.

ARTILLERIE DE BATAILLE.

———

DE L'ARTILLERIE EN GÉNÉRAL.

LE corps de l'artillerie depuis sa création, s'est constamment occupé d'alléger, de simpli-fier son matériel, d'imprimer plus de mobilité à ses moyens de transport, et d'acquérir plus de célérité dans ses mouvemens, plus de rapidité dans ses manœuvres. Ainsi, lorsque l'expérience de la guerre de Sept ans eut fait reconnaître que l'artillerie de cette époque était trop lourde et trop compliquée, Gribeauval essaya de lui donner cette mobilité qu'exigent les vastes combinaisons de la stratégie moderne, et réduisit pour cela chaque partie du matériel au minimum de dimensions qu'elle devait avoir pour bien remplir son objet particulier. Mais de là naquit une complication dans les attirails, inconvénient majeur à la guerre; d'ailleurs on reprochait encore à ce nouveau matériel de n'avoir pas toute la mobilité désirable, surtout à cause du mode d'assemblage des trains de devant et de derrière pour chaque voiture du système, lequel ne permettait pas particulièrement aux caissons, d'exécuter rapidement les changemens de direction, ainsi que les passages des fossés et des autres obstacles qu'on rencontre en campagne. Voilà les défauts essentiels que l'on a voulu éviter dans le système actuel. Un mode de réunion des deux trains a été adopté, qui leur laissant le plus d'indépendance réciproque possible, a permis de donner, à toutes les voitures entrant dans la composition d'une batterie, un degré de mobilité uniforme et supérieur à celui qu'avait l'affût de campagne de Gribeauval, celle de toutes ses voitures qui approchait le plus de la perfection sous ce rapport; on est forcé de convenir que le problème du meilleur mode d'attelage et de support du timon n'a peut-être pas encore été résolu aussi heureusement, et il est à craindre que l'expérience de la guerre fasse rejeter celui qui a été adopté.

Quant à la simplification des attirails, il est impossible d'aller plus loin qu'on n'a été, et on a opéré dans les affûts, dans l'avant-train, dans le caisson, etc., toutes les assimilations possibles. Nous allons les récapituler ici :

Il n'y a que deux affûts pour les quatre bouches à feu de campagne, qui sont les canons de 12 et de 8, les obusiers de 6 pouces et de 24. Ces deux affûts ne diffèrent que dans les dimensions, qu'il était indispensable de déter-

miner d'après celles des canons, telles que la
longueur et l'épaisseur des flasques et de la flèche ; dans les ferrures, les sous-bandes et les
susbandes, les étriers d'essieu, les boulons
d'assemblage, quelques -- unes des chevilles,
quant à leur longueur; tout le reste est semblable.

Le même avant-train sert aux deux affûts,
et ses roues sont celles de l'affût : il sert aussi
à toutes les voitures de la batterie; le coffre
qu'il porte est semblable aux deux de l'arrière-
train du caisson.

Les objets qui n'ont pu être identiques, ont
été rendus aussi semblables qu'il a été possible ; ainsi, l'essieu des affûts, dont le corps
devait nécessairement avoir plus de force que
celui de l'essieu de l'avant-train et des voitures, a reçu les mêmes fusées que celui-ci, en
sorte que bien qu'il y ait deux essieux, il n'y
a qu'une seule roue pour toutes les voitures
de campagne.

De cette simplification générale, il résulte
une facilité bien précieuse en campagne, d'o-
pérer les remplacemens et les rechanges.

Ajoutons aux avantages que nous venons
d'énumérer, celui qui naît de la suppression
de l'encastrement de route pratiqué dans les
affûts de 12 et de 8 du système Gribeauval,
qui obligeait à une manœuvre de force dans
le voisinage même de l'ennemi et pouvait com-
promettre le sort de l'artillerie sans procurer
d'autre avantage qu'une distribution de poids

un peu plus uniforme sur les deux trains.

Voici les propriétés essentielles du nouveau système d'artillerie comparé à celui de Gribeauval, sans parler de la faculté qu'il donne de transporter les servans des pièces avec rapidité d'un point à un autre d'un champ de bataille, et de la possibilité de tenir constamment à l'abri, pendant une affaire (en profitant des replis du terrain), les caissons dont les avant-trains seuls alterneraient avec ceux des pièces pour leur approvisionnement.

Nous allons actuellement examiner en détail les parties du matériel pour en faire ressortir les avantages ou les défauts et indiquer en même temps les moyens de les entretenir en bon état, de les réparer ou de les remplacer au besoin.

DES AFFUTS.

Le même affût sert au canon de 12 et à l'obusier de 6 pouces ; un autre sert au canon de 8 et à l'obusier de 24 ; ces deux affûts ne diffèrent que dans les dimensions principales.

Parties en bois.

Une *flèche* en chêne est la partie principale de l'affût; elle est d'une seule pièce ou de deux. Dans ce dernier cas, on assemble les deux plateaux jointivement (le cœur du bois en dehors), à l'aide de deux goujons en jeune chêne. On a soin de mettre auparavant une forte couche de peinture à l'huile sur les faces intérieures qui doivent s'appliquer l'une sur l'autre. La fracture de la flèche met l'affût hors de service. Si elle est formée de deux pièces, il faut mastiquer leur jointure pour empêcher l'eau, en s'y infiltrant, de pourrir le bois.

Un dégorgement est pratiqué sur le bout arrondi de la flèche, afin que l'obusier puisse s'abaisser suffisamment dans le tir au-dessous de l'horizon.

Deux flasques en chêne sont assemblés, à l'aide de 3 boulons et 6 rondelles, avec la flèche; le cœur du bois doit être placé en dedans; les flasques sont encastrés pour recevoir les tourillons de la pièce.

La fracture d'un flasque ne met pas l'affût hors de service si l'encastrement des tourillons n'est pas trop endommagé. Toutes les gerçures qui s'y manifestent en campagne, doivent être soigneusement mastiquées, et si elles sont considérables, on y introduit des languettes en bois.

N. B. Dans l'artillerie Gribeauval, les affûts sont formés de deux flasques réunis par trois entretoises; l'infiltration de l'eau dans les assemblages de ces parties en bois était cause de leur prompte détérioration. Cet inconvénient ne peut avoir lieu dans le nouveau système, où les flasques sont réunis à la flèche, par des rondelles en fer à tenons, sans qu'il y ait contiguité des parties en bois.

Parties en fer dans l'ordre de leur applicage sur l'affût.

Un boulon d'assemblage de flèche avec un écrou et deux rosettes, dont une porte le nom de rosette - piton chaîne d'enrayage, parce qu'elle en est le point d'attache.

Une chaîne d'enrayage composée de deux parties réunies par un anneau rond qui porte lui-même un autre anneau destiné à recevoir la clef quand on plie la chaîne. L'extrémité de la chaîne est terminée par une maille étranglée portant d'un côté un anneau rond pour arrêter la clef, de l'autre une maille qui tient cette clef.

N. B. L'épreuve de tension que cette chaîne doit supporter, sans se déformer, est de 2,000 kilogrammes. Il faut environ un poids double pour produire une rupture, lorsqu'il n'y a pas de défaut de fabrication.

Si cette chaîne vient à se rompre en campagne, on peut y suppléer momentanément par un fort cordage nommé *enrayure*.

Six rondelles d'assemblage en fer coulé.

Celles du bout de derrière des flasques ont chacune deux tenons cylindriques qui s'encastrent, l'un dans la flèche, l'autre dans le flasque, de toute leur hauteur. Les autres rondelles sont simplement interposées entre les flasques et la flèche.

N. B. A défaut de rondelles en fer coulé, on peut se servir de rondelles en fer forgé de mêmes dimensions : les rondelles de derrière sont alors composées d'un manchon non soudé, et d'une rondelle placée à chaud sur le milieu de la longueur du manchon.

Trois boulons d'assemblage des flasques avec la flèche.

N. B. On enduit de graisse la tige des boulons, avant de les mettre en place, afin de prévenir l'ation.

Trois rosettes et trois écrous de boulons d'assemblage.

Une rosette–crochet porte-chaîne d'enrayage placée sous la tête du boulon d'assemblage du milieu.

Deux rosettes-crochets porte-leviers, appliquées par le dernier boulon d'assemblage des flasques et par un clou.

Deux chevillettes de crochets porte-leviers et leurs chaînettes. Chaque chaînette a trois mailles et un anneau en fil de fer de 5 millimètres.

Deux pitons à pointe destinés à retenir les chaînettes.

Deux poignées de crosse dont les pattes sont appliquées par deux boulons avec écrous.

Deux sousbandes. Elles sont encastrées dans le dessus des flasques. Leurs bouts minces sont appliqués à chaud par douze clous sur le devant et quatorze clous aux deux extrémités. Elles sont de plus fixées sur les flasques par deux chevilles à tête plate, deux chevilles à mentonnet, six chevilles à tête ronde.

N. B. Dans une cheville, on distingue la tête, le carré, la tige à 8 pans, le bout taraudé. Les trous des chevilles dans le bois sont équarris sur toute la hauteur nécessaire ; la partie suivante est brûlée avec un fer de dimensions plus faibles que la cheville, celle-ci devant entrer à force dans son trou. Leur tige est, comme celle des boulons, enduite de graisse avant d'être mise en place, pour assurer leur conservation.

Un essieu encastré dans les flasques de sa hauteur, moins 10 millimètres. Il a un talon qui se loge dans la flèche.

Deux plaques de garniture d'encastrement d'essieu placées devant l'essieu, pour ménager le bois.

Deux bandes d'essieu qui s'appliquent à chaud. Leur bout de devant est roulé et formé en anneau pour les crochets porte-écouvillon.

Deux rosettes en talus de chevilles à men-tonnet.

Six écrous pour les chevilles traversant les bandes d'essieu, quatre écrous et quatre rosettes pour quatre chevilles à tête ronde.

Un crochet porte-écouvillon, au bout de la bande d'essieu du flasque droit.

Un crochet porte - écouvillon et anneau porte-tire-bourre sous le flasque gauche.

Un étrier d'essieu, appliqué comme les bandes d'essieu ; son bout de devant est prolongé et formé en anneau pour porter le seau.

N. B. C'est un des caractères distinctifs du nouveau matériel, que presque toutes les pièces en fer servent en même temps à plusieurs fins.

Trois boulons d'étrier d'essieu dont la tête est encastrée de son épaisseur dans le dessus de la flèche. Leurs trois écrous.

Deux susbandes qui ont été, ainsi que les sousbandes, façonnées sur un mandrin ayant exactement la forme des tourillons de la pièce.

Deux chaînettes de susbande, deux pitons de chaînette, deux clavettes de susbande avec lanières.

Deux chaînettes de clavette, deux pitons de chaînette, un bout de crosse-lunette. Le dessous de la demi-circonférence du devant de la lunette est recouvert d'une mise en acier soudé, ayant la largeur du fer qui est autour de la lunette, et la forme d'un fer à cheval. Cette partie acérée est trempée avant l'applicage du bout de crosse. Le bout de crosse est appliqué sur le dessous de la crosse, à une faible chaleur, par six clous.

Une plaque de recouvrement de crosse en tête, appliquée sur le dessus de la crosse à une faible chaleur par six clous, et réunie à la lunette par deux rivets.

Un grand anneau de pointage, la semelle, l'anneau tournant, la bride ayant des tenons carrés et rivés sous la semelle, deux boulons d'anneau de pointage traversant aussi le bout de crosse; leurs deux écrous.

Deux plaques d'appui de roue fixées par dix clous.

Un petit anneau de pointage, dont les pates sont appliquées par deux boulons qui traversent également le bout de crosse; leurs 2 écrous.

Deux crochets de prolonge fixés par huit clous.

N. B. L'emplacement de la prolonge dans ce système d'artillerie n'est pas aussi favorable que celui de Gribeauval, où la prolonge était à l'abri des intempéries, et pour cette raison se conservait mieux.

Un écrou de vis de pointage, en bronze ; le plateau ainsi que la partie en saillie au-dessous du plateau, sont encastrés dans la flèche.

Une vis de pointage, la manivelle, ses branches et le plateau, sur lequel est rivé le carré de la vis.

N. B. Le dernier filet de la vis de pointage est un peu rivé sous l'écrou, afin qu'on ne puisse pas ôter la vis sans démonter l'écrou.

Deux boulons d'écrou de vis de pointage, deux rosettes et deux écrous.

Deux anneaux porte-levier, composés chacun d'une tige ronde ployée en demi-cercle et dont les bouts sont rivés sur une plaque, qui est appliquée par six clous, contre le côté extérieur de la tête des flasques.

Une équerre-arrêt d'écouvillon ayant une branche horizontale et une branche verticale, et fixée par quatre clous.

Une plaque à oreilles porte-tire-bourre appliquée par deux clous sous le côté gauche de la flèche, en avant du boulon d'assemblage.

Une chevillette de plaque à oreilles, sa chaînette et le piton à pointe.

Un double piton de chaînette porte-écouvillon appliqué sous la flèche par deux clous.

Deux chaînettes porte-écouvillons, attachées à ce double piton.

Deux plaques à piton de moraillon de chaînette. Elles sont appliquées sur les côtés de la flèche, entre les plaques d'appui de roue et le boulon d'assemblage, chacune par deux clous. La hauteur de leur emplacement est déterminée de manière à ce qu'il y ait 5 millimètres de jeu entre le refouloir mis en place, et le dessous de la flèche.

Deux chevillettes de piton de chaînette, attachées sur les côtés de la flèche, les deux chaînettes et leurs pitons à pointe.

Une douille porte-boute-feu en tôle, appliquée sur le côté extérieur du flasque droit par six clous.

Deux rondelles d'épaulement d'essieu.

Deux rondelles de bout d'essieu.

Deux esses d'*idem* et deux lanières.

DE L'AVANT-TRAIN.

Le même avant-train sert à toutes les voitures, comme nous l'avons dit. La forge de campagne même et le nouveau chariot de batterie destiné à porter les outils et pièces de rechange, ont l'avant-train commun aux affûts et aux caissons. Nous allons en analyser toutes les parties.

Parties en bois.

Un corps d'essieu en chêne dans lequel on encastre l'essieu en fer.

Deux armons en chêne placés parallèlement entre eux et assemblés avec les bouts du corps d'essieu par des entailles formées de manière que l'assemblage se fasse à angle droit avec le dessous des armons; leur dessus forme un plan légèrement incliné vers le devant, pour que le coffret chargé pèse moins sur le timon. Une fourchette en jeune chêne assemblée avec le corps d'essieu à tenons et à embrèvement, le cœur du bois en dessus. Elle reçoit le timon.

Une volée en jeune chêne ou en frêne.

N. B. Elle ne porte pas de palonniers, comme dans le système Gribeauval, ce qui peut être un inconvénient; car ces palonniers obéissant au mouvement alternatif des épaules des chevaux, les fatiguait moins qu'une simple volée fixe.

Quatre tasseaux de planches-marchepieds, fixés sur les armons et sur la fourchette, chacun par 6 clous d'épingle.

Deux planches - marchepieds; une de devant fixée sur les tasseaux par douze clous, l'autre fixée sur les armons et la fourchette par huit clous.

Un timon en jeune chêne ou en frêne, dont le gros bout qu'on nomme têtard est maintenu dans la partie évidée de la fourchette. Le dessus du timon est en ligne droite sur toute sa longueur, et la diminution du petit bout a lieu en dessous, à partir du devant du têtard.

N. B. Sa rupture mettrait l'avant-train hors de service; aussi chaque caisson porte-t-il en-dessous de sa flèche un timon de rechange.

Une servante en frêne qui soutient le dessous du bout du timon, quand la voiture n'est pas attelée, à environ 880 millimètres de terre.

Parties en fer.

Deux pates à tige taraudée, destinées à consolider la réunion des armons et du corps d'essieu; les pattes sont encastrées dans le milieu de la largeur des bouts du corps d'essieu; leurs deux rosettes et les deux écrous.

Deux clous rivés de pattes à tige. Leur tête est encastrée dans le fond de l'encastrement de l'essieu, et leurs contre-rivures sont encastrées dans le dessus du corps d'essieu.

Deux boulons d'assemblage des armons avec la volée, leurs deux rosettes et leurs deux écrous.

Deux clous rivés d'armons placés sur le centre de l'arrondissement du bout de derrière des armons. Ils ont pour objet d'empêcher le bois d'éclater en cet endroit.

Un essieu encastré de sa hauteur moins 5 millimètres, à 10 millimètres en avant du milieu de la largeur du corps d'essieu. Il a deux talons percés chacun d'un trou, pour donner passage à deux boulons avec rosettes et écrous destinés à retenir le crochet cheville ouvrière.

Deux étriers d'essieu appliqués à chaud, mais sans brûler le bois.

Quatre boulons d'essieu ou plutôt d'étrier d'essieu, perpendiculaires au-dessous des armons, leur tête encastrée dans le dessus; leurs quatre écrous.

Un crochet cheville ouvrière. La patte dont le bout supérieur est encastré dans le dessus du corps d'essieu, à une hauteur telle que le sommet de l'arrondissement du fond du crochet soit à 15 millimètres au-dessous du corps d'essieu, ce qui le met à 240 millimètres de terre.

Une rosette arrêtoir de coffre; la patte appliquée sur le dessous de la fourchette par deux clous; le trou carré au-dessus de la rosette.

Une chevillette de crochet cheville ouvrière avec arrêtoirs et sa chaînette retenue par un piton à pointe. Ce piton, pour ne pas gêner le mouvement de la chevillette, doit être placé à 170 millimètres de la ligne milieu de la patte du crochet.

Un crochet porte-boîte à graisse, dont la patte est appliquée sur le devant du corps d'essieu par deux clous; elle a un talon encastré dans le bois.

Deux lamettes de bout de volée, appliquées à chaud sur la volée à 5 millimètres des bouts, et fixées chacune par un rivet.

Une plaque à piton de douille de servante; le piton, à tige carrée, est rivé sur la plaque. La plaque est encastrée de 5 millimètres dans le dessous de la volée, et fixée par les boulons d'assemblage de la volée et de la fourchette.

Deux anneaux à pattes de milieu de volée, la patte de dessus encastrée de son épaisseur; deux boulons de volée et de fourchette; leur

tête appliquée sur la patte de dessous des anneaux.

Une bride de fourchette fixée par les mêmes
boulons sur le dessus de la fourchette.

Deux écrous de boulons de volée et de fourchette.

Quatre crochets d'attelage, dont deux sont
retenus par les lamettes et deux fixés dans les
anneaux à pattes. Lorsqu'on met les crochets
en place, on ouvre à chaud l'anneau ovale du
crochet et on le ferme de même au moyen de
deux tenailles.

Une douille de servante. Le bout supérieur
de la servante y est ajusté, chassé à force et
fixé par un rivet.

Une virole de servante, appliquée à 3 millimètres du bout, et fixée par un rivet.

Un anneau long porte-servante retenu par
un piton à pointe.

Deux arrêtoirs de coffre dont les trous de
clavette dépassent le dessous des armons.

Quatre rosettes d'arrêtoir, deux pour le
dessus, deux pour le dessous des armons, où
elles sont encastrées de leur épaisseur, et
fixées chacune par deux clous.

Deux clavettes d'arrêtoir. Les branches sont
battues à froid après la confection des clavettes, afin d'acquérir assez de roideur pour
reprendre leur écartement lorsque la clavette
a été mise en place à l'aide d'une tricoise.

Un clou rivé de têtard de timon et sa con-
tre-rivure.

Un boulon de timon, sa rosette et son écrou.

Un manchon de support de timon. Il est appliqué par un clou à 350 millimètres du bout du timon, mesure prise du devant de la virole. Son diamètre extérieur doit être le plus exact possible sur toute sa longueur, afin que le mouvement du collier soit bien doux et bien régulier. C'est pour cela qu'il est achevé sur le tour, après que la virole a été brasée sur le bout de derrière.

Le manchon est fermé par une rondelle et arrêté par une clavette avec lanière.

Un anneau à pattes de bout de timon fixé par deux rivets. La saillie des pattes appliquées sur le timon est de 2 millimètres; le surplus de leur épaisseur est encastré dans les côtés du timon.

Deux chaînes de bout de timon composées chacune de neuf mailles et un faux anneau, dont les bouts en couteau se croisent de 60 millimètres.

Un collier de support de timon formé par deux demi-colliers qui sont assemblés avec les branches du support.

Deux branches de support de timon ayant bourrelet au milieu et bourrelet au bout. Leurs deux anneaux coulans.

Ces branches sont forgées en deux parties qui se réunissent à 400 millimètres du bourrelet du milieu, après que l'anneau coulant a été placé.

Deux boulons de collier de support, ayant

la tête à 6 pans, et le bout rivé sur les pattes
du collier, après l'assemblage des branches.

N. B. Le support monté est commun à tous les timons;
on doit pouvoir le changer à volouté. Ceux des timons
de rechange, portés sous les caissons, sont placés dans le
chariot de batterie, qui sert, comme nous l'avons dit, à
transporter les rechanges et une partie des armemens
de toute la batterie (*Voir l'Approvisionnement du chariot
de batterie*).

Ces supports de timon ont été imaginés pour que le
poids du timon qui, faute d'une sassoire, ne peut pas se
soutenir par la pression même de l'arrière-train sur celui
de devant, soit partagé également par les deux chevaux
de derrière. Mais on ne peut obtenir cet effet sans fati-
guer considérablement l'encolure des chevaux qui sup-
porte le poids du timon et ses ballottemens très-rudes et
très-fréquens sur un terrain accidenté. Ces branches de
support ont de plus un grand inconvénient en elles-
mêmes, c'est d'être sujettes à se fausser, à se casser, et
d'être difficiles à réparer ou à fabriquer en campagne.
Elles exigent d'ailleurs une disposition particulière dans
le harnais, qui ne permet pas d'employer des colliers de
réquisition, et occasionne des lenteurs et des difficultés
dans les mouvemens d'atteler, qui se font à la hâte.

CAISSON A MUNITIONS.

Parties en bois.

Un brancard du milieu en jeune chêne.

Deux brancards des côtés en jeune chêne.
Ils sont parallèles au brancard du milieu et
servent d'appui aux coffres à munitions.

Un épars en jeune chêne assemblé à tenons
avec les brancards des côtés, et établissant système avec eux.

Un tasseau en chêne fixé sur l'épars par quatre clous. Il a en-dessous une mortaise pour le tenon du brancard du milieu.

Deux planches-marchepieds en chêne fixées sur les deux brancards par des clous.

Un corps d'essieu en chêne assemblé avec les brancards par des entailles. Il reçoit un essieu semblable à celui de l'avant-train.

Une flèche en frêne ou jeune chêne, portant, comme la flèche d'affut, l'anneau-lunette de crochet cheville ouvrière. Cette pièce est commune à toutes les voitures du nouveau système (1).

Dans le caisson, le dessus de la flèche est encastré de 5 millimètres dans le dessous de l'épars, et son bout de derrière est embrevé de 5 millimètres dans le devant du corps d'essieu. Le talus du dessus de la flèche repose jointivement sur le dessous du brancard du milieu.

N. B. La rupture de la flèche met le caisson hors de service; aussi chaque chariot de batterie porte une flèche de rechange sur le côté extérieur de droite du chariot.

Parties en fer.

Une bande d'assemblage du milieu des brancards; ses côtés sont relevés d'équerre au milieu pour former deux pitons-arrêts de coffre à munitions. Elle est fixée dans le brancard du milieu par deux clous, et ses pattes sont appliquées par deux boulons sur le côté

______

(1) Dans l'artillerie Gribeauval, la flèche des caissons sert à presser sur la sassoire pour soutenir le bout du timon.

intérieur des brancards des côtés; les deux rosettes et les deux écrous des boulons.

Un crochet de bout de brancard du milieu; sa
pate est encastrée dans le dessous du brancard.

N. B. Ce crochet est destiné à servir, au besoin, de
cheville ouvrière à des arrière-trains de caisson, chariot
ou forge.

Une bande support d'essieu porte-roue,
percée dans sa partie gauche d'une ouverture
destinée à recevoir une pioche, et fixée sur
les brancards des côtés par deux boulons avec
écrous et rosettes. Une bride de bout de brancard du milieu. Les bouts sont appliqués, à
une faible chaleur, par quatre clous sur les
côtés du brancard.

Un essieu porte-roue formé de trois parties
assemblées en équerre, savoir: un corps, et deux
tringles assemblées avec le corps par trois rivets.

Les côtés du corps et le côté extérieur des
tringles sont arrondis par un rayon plus petit
que celui de la fusée d'un essieu, afin de ne
pouvoir endommager la boîte de roue. Le
bout de la pate du corps est encastré dans le
dessus du brancard.

Deux pattes à tige d'essieu porte-roue traversant la bride de bout de brancard du milieu, et leurs deux écrous.

Un boulon de pattes à tige et son écrou.

Un boulon de patte d'essieu porte-roue ap-
pliquant en-dessus la patte de l'essieu, et en-
dessous celle du crochet de bout de brancard;
son écrou.

Trois boulons de planches-marchepieds et de brancards des côtés, leurs écrous et rosettes.

Une bride de chaîne d'enrayage, placée sous le brancard de gauche.

Une chaîne d'enrayage, composée de deux parties réunies par un anneau rond.

Un crochet porte-chaîne d'enrayage. Sa patte, dont le talon est encastré de sa longueur, est appliquée contre le brancard de gauche par un clou rivé.

Un essieu à deux talons comme pour les avant-trains.

Deux étriers d'essieu destinés à retenir celui-ci.

Quatre boulons d'essieu qui fixent les étriers, les quatre écrous de boulons.

Un clou rivé de flèche entre les boulons de la lunette pour empêcher le bois d'éclater.

Une lunette de bout de flèche. Le dessous de la demi-circonférence du devant de la lunette est recouvert d'une mise d'acier trempé semblable à celle des lunettes d'affûts, pour que son frottement continuel sur le fond du crochet cheville ouvrière ne l'use pas si promptement.

Les pattes de cette lunette sont appliquées sur le dessus et le dessous de la flèche par 8 clous et 2 boulons.

Un étrier porte-timon de rechange, fixé sur le dessous de la patte inférieure de la lunette par le boulon de devant.

Une chevillette d'étrier et sa chaînette retenue par un piton.

Deux boulons de lunette et leurs écrous.

Deux boulons d'étrier de flèche, avec écrous. Leur tête est appliquée sur la planche-marche-pied de devant. Un étrier de flèche.

Deux plaques d'appui de roue, appliquées chacune par 4 clous.

N. B. Dans le système d'artillerie que nous étudions, le tournant des voitures est moins limité que dans l'ancien, puisque les roues de l'avant-train ne sont arrêtées que par la flèche de l'arrière-train qui laisse plus de jeu que les deux flasques de Gribeauval. Cependant l'avantage du tournant procuré par la flèche n'est pas très-sensible, parce que l'on a substitué les grandes roues aux petites roues des avant-trains de l'ancien système; mais aussi les grandes roues facilitent le tirage et les remplacemens, puisqu'il n'y a plus à porter en campagne, pour rechanges, deux espèces de roues, comme on le faisait autrefois.

Un étrier d'essieu et de brancard du milieu, logé dans le dessous du corps d'essieu, en arrière et contre l'essieu lui-même, et retenu par 3 boulons dont un pose sur la bande d'assemblage, et deux ont leur tête encastrée dans le dessus du brancard, avec écrous.

Un anneau porte-timon de rechange, porté par cet étrier.

Quatre arrêtoirs de coffre à munitions, placés comme ceux décrits dans l'avant-train.

Huit rosettes d'arrêtoirs pour le dessus et le dessous des brancards, tenues chacune par 2 clous.

Quatre clavettes d'arrêtoir comme celles

dont on a parlé dans la description de l'avant-train.

Un anneau rond porte-levier placé sur le côté droit du brancard du milieu. Il a une tige comme un boulon, deux rosettes et un écrou.

Une plaque à chevillette porte-levier appliquée par deux clous sur le côté droit du brancard du milieu, sa chevillette et sa chaînette retenue par un piton à pointe.

Deux crampons de manches de pioche et de pelle; leurs tiges sont enfoncées dans le dessus du corps d'essieu. Le crampon du manche de pioche est près du brancard du milieu, celui du manche de pelle est près du brancard de droite.

Une plaque à chevillette porte-pelle semblable à celle du levier, appliquée par deux clous sur le côté intérieur du brancard de droite. Deux coffres à munitions semblables à celui de l'avant-train.

OBSERVATIONS GÉNÉRALES.

La conservation du matériel que nous venons d'analyser dépend d'abord de la manière dont il a été construit et de la bonté des matériaux qu'on a employés à sa construction. Ainsi toutes les parties en bois doivent avoir été faites avec le bois de l'essence prescrite, et dans un état de siccité complet, autrement elles ne tarderaient pas à se voiler et à se déjeter; les assemblages surtout doivent être parfaitement exacts afin d'obtenir la plus grande solidité et de prévenir l'infiltration des eaux pluviales qui corrompraient le bois.

Les parties en fer, toutes fabriquées avec le fer de 1re qualité, doivent avoir été appliquées avec soin et joindre parfaitement les parties en bois où il faut qu'il y ait superposition de surfaces.

Une voiture construite, mais où les ferrures ne sont pas encore placées, est dite voiture *en blanc*. L'opération par laquelle on la garnit de ses pièces en fer se nomme *applicage*. On peint ensuite toutes les parties avec de la couleur à l'huile de lin de teinte olive pour le bois, et noire pour le fer. Deux couches de peinture au moins sont appliquées sur toute la voiture, et du soin avec lequel cette opération est faite, dépend beaucoup la conservation des parties en bois; tous les joints sont préalablement mastiqués. Toutes les réparations du matériel qui sont praticables en campagne s'exécutent sur-le-champ par les ouvriers de batterie. A cet effet une forge dite *de campagne* et dont le système de construction est analogue à celui de nos caissons, entre dans la composition de chaque batterie, et on y fabrique toutes les pièces en fer qui n'exigent pas un trop long travail ni des fers d'un échantillon trop considérable. Si des pièces de cette dernière espèce viennent à se briser ou à se perdre, on les remplace par d'autres semblables qu'on transporte sous le titre de *rechanges*, soit dans le chariot de batterie, soit sur la forge elle-même. On a également soin d'emporter de quoi faire de suite les remplacemens nécessaires des pièces en bois qui sont les plus susceptibles d'être mises hors de service dans une campagne.

Le chariot de batterie et la forge de campagne n'étant pas des voitures susceptibles de figurer en ligne de bataille, nous ne sommes pas entrés dans leurs détails de construction, qui ne peuvent intéresser que les officiers d'artillerie chargés de les surveiller dans les arsenaux ou dans les parcs; nous n'en parlerons ici que pour donner la composition de leur chargement.

APPROVISIONNEMENT DU CHARIOT DE BATTERIE ET DE LA FORGE AFFECTÉS AU MATÉRIEL D'UNE BATTERIE DE CAMPAGNE.

Cet approvisionnement se compose d'outils d'ouvriers en bois et en fer, d'objets d'approvisionnement et de pièces de rechange, nécessaires pour les petites réparations qui doivent être faites par les ouvriers de la batterie; enfin, de quelques assortimens des bouches à feu qui n'ont pu trouver place dans les caissons. On répartit ces divers objets dans les coffres de l'avant-train et de l'arrière-train des voitures, et à leur extérieur, au moyen des diverses ferrures dont on a donné la nomencla-

ture et l'emplacement. De petites caisses, placées dans les coffres, renferment les menus
objets qu'il est nécessaire de tenir réunis.

Chariot de batterie.

Le coffre de l'avant-train doit contenir
principalement les outils d'ouvriers en bois
nécessaires aux réparations journalières. Ces
outils sont :

6 tarières avec 3 manches.
4 gouges dont 3 rondes et 1 carrée.
4 haches dont 3 à tête et 1 à main.
8 mèches de vilebrequin et 1 vilebrequin
   en fer.
1 masse à enrayer.
1 cognée de charron.
2 maillets.
1 marteau fondu.
1 tricoise.
1 rabot.
2 planes.
2 fraises pour clous rivés.
2 becs-d'âne.
1 trusquin.
1 pointe à tracer.
2 équerres dont une en fer, l'autre en bois.
2 compas.
4 ciseaux.
1 amorçoir en fer.
1 rivoir.
1 chasse-boîte,

8 dégorgeoirs à vrille.

2 scies dont une tournante, au-dessus du chargement des outils.

180 kilogrammes de fer en barres de différens échantillons.

N, B. Le coffre de l'avant-train est partagé en deux cases égales, par une séparation en peuplier, placée parallèlement aux grands côtés du coffre.

Dans le fond de la case de devant sont les 180 kilogrammes de fer, et au-dessus est une caisse dite aux menus objets.

Chargement de la caisse aux menus objets.

4 flambeaux, 1 râpe à bois, 3 tiers-points, 4 porte-lances, 3 vrilles, 1 pierre à affiler, 100 lanières, 2 triples décimètres, 2 paquets de ficelle, 1 kilogramme de clous d'épingle, 1 kilog. de clous dits du N° 4, et $0^{kilo},20$ de clous dits de tapissier.

L'arrière-train du chariot porte également une caisse à compartimens dont voici le chargement :

12 chasse-fusées, 4 entonnoirs, 6 maillets chasse-fusées, 4 mesures à poudre d'un demi-kilog., 1 tire-fusée, 4 têtes d'écouvillons, 2 lanternes, 30 mètres de cordage de 10 à 15 millimètr., 2 kilog. de chandelles.

Chargement du chariot.

2 flèches de caisson non ferrées dans le fond du chariot ;

2 essieux, l'un pour affût, l'autre pour avant-train du chariot;

6 serpes dans des cases particulières.

N. B. La caisse à compartimens est placée sur les flèches de rechange, le devant contre les manches de serpes.

1 vis de pointage sous le milieu de la caisse.

6 boute-feux.	Au fond
12 manches de pelles et pioches.	du chariot
6 manches de haches.	dans les vi-
8 manches de marteaux.	des formés
8 manches de porte-lances.	par les flè-
3 refouloirs.	ches, es-sieux, etc.

25 rais en-dessus des manches.

25 jantes en-dessus des rais.

6 supports des timons de rechange *id.*

1 prélat en-dessus des jantes.

N. B. On nomme *prélat*, dans l'artillerie, des toiles peintes ou goudronnées, destinées à préserver les muni-tions, ou des objets d'approvisionnement, de l'humidité.

100 mètres de mèche à canon, en-dessus des jantes.

1 flèche de caisson ferré, sur le côté exté-rieur du côté du chariot.

N. B. Cette flèche doit avoir la longueur de celles du chariot et de la forge, parce qu'elle est destinée à les remplacer au besoin.

FORGE.

Elle porte les outils des ouvriers en fer, ainsi que les approvisionnemens et rechanges dépendant de leur profession.

Le coffre de l'avant-train de la forge est chargé des objets que nous allons énumérer.

180 kilog. de fers carrés de différens échantil.

20 kilog. de fil de fer, *idem*.

1 crochet cheville ouvrière et sa chevillette.

8 liens de jantes.

2 liens de flèches de caisson, chariot et forge.

N. B. Ces liens servent à consolider les pièces en bois auxquels ils sont destinés, quand celles-ci sont éclatées ou fendues.

1 susbande.

1 diable (appareil destiné aux réparations de roues).

7 clouyères pour les différentes espèces de clous et de boulons en usage dans l'artillerie de campagne.

1 clef d'écrous à 2 fourches.

2 ciseaux à froid.

3 tire-cercles.

2 étampes pour cercle de roue.

4 chasses dont 2 carrées et 2 rondes.

2 marteaux à devant.

2 marteaux à main.

1 mouillette, 1 palette, 1 ratissette, 1 tisonnier (ustensiles nécessaires au forgeur dans son travail).

1 perçoir.

8 poinçons dont 4 à main.

2 tourne-à-gauche.

6 tenailles de diverses espèces.

1 tricoise.

6 tranches dont 1 à gouge.

1 triple décimètre à poignée.
1 calibre de forge.

Le coffre de l'avant-train porte en outre une caisse chargée de menus objets de rechange, tels qu'écrous, rosettes, rondelles, clavettes, manchons de support de timon, des clous et 2 filières.

Chargement du coffre de l'arrière-train de la forge.

1 étau à griffes.
4 ciseaux à froid.
3 poinçons et 1 pointeau.
2 tenailles dont une à vis et l'autre à chanfrein.
10 limes de diverses espèces avec autant de manches.
1 triple décimètre.
1 peigne à vérifier les tarauds.
1 pied-de-biche.
2 clous d'écrous à 2 fourches.
1 tricoise.
2 marteaux à main.
2 repoussoirs.
2 tarières.
6 tarauds d'écrous.
1 amorçoir.
1 compas, 1 pointe à tracer, 1 équerre à chapeau.
1 essette.
1 hache à tête.

1 bidon à huile.

20 rondelles d'épaulement et de bout d'essieu.

24 esses de bout d'essieu.

16 liens de rais.

2 kilog. de clous rivés.

6 douzaines de vis à bois.

5 kilog. d'acier.

1 bigorne avec son bloc sont placés sur l'âtre de la forge.

OBSERVATIONS GÉNÉRALES.

Nous avons détaillé toutes les parties intégrantes du nouveau matériel pour en faire connaître l'usage, les propriétés ou les inconvéniens. Nous avons indiqué les précautions que l'on prend pour conserver, réparer ou remplacer les parties de ce matériel que les chances de la guerre peuvent altérer ou ruiner. Nous devrions entrer dans des détails semblables pour le matériel de Gribeauval qui est encore entre les mains des artilleurs de la Garde nationale des départemens ; mais la liberté de produire accordée aux manufactures d'armes le sera sans doute aux arsenaux et aux ateliers de construction, et alors chaque département pourra faire l'acquisition d'un nouveau matériel. En attendant on peut appliquer en très-grande partie au matériel Gribeauval tout ce qui a été dit précédemment. Ainsi les soins de conservation et d'entretien sont les mêmes ; les approvisionnemens et les rechanges, à quel-

ques pièces près, particulières à chaque système, doivent aussi être les mêmes, et les voitures destinées à les transporter sont analogues
et remplissent le même objet.

Nous allons à présent nous occuper de la
composition des batteries tant matérielle que
personnelle, et ce que nous en dirons conviendra également aux deux systèmes d'artillerie.

COMPOSITION DES BATTERIES DE CAMPAGNE.

Matériel.

Une batterie de campagne est composée de
4 canons de 12, et 2 obusiers de 6 pouces,
ou de 4 canons de 8 ou de 4, et 2 obusiers de
5 pouces 7 lignes 2 points, dits obusiers de
24, parce que leur projectile a le même diamètre que l'ame de la pièce de siége de 24. Le
nombre des caissons, chariots de batterie et
forges qui doivent faire partie d'une batterie,
dépend de la nature et des chances probables
de la guerre entreprise, du plus ou moins
grand éloignement des places de dépôt, des
ressources qu'offre le pays théâtre de la guerre,
des moyens de transport, etc.

Pour le moment on est fixé pour une batterie, à 2 caissons par bouche à feu, 2 affûts
de rechange, 2 chariots de batterie et 2 forges.
Le 2e chariot et la 2e forge sont destinés au
harnachement et au ferrage des chevaux. Les

4

divisions d'infanterie doivent de plus avoir 6 caissons chargés en cartouches d'infanterie, et celles de cavalerie, 2 seulement.

Détail des armemens, assortimens et rechanges.

Chaque affût porte 2 écouvillons hampés avec refouloir, et on compte 1 tire-bourre par 2 affûts.

Chaque affût porte aussi deux leviers de bois de brin, et chaque caisson peut en porter un autre.

N. B. Quoique le même levier doive servir à tous les affûts de campagne, il sera toujours prudent d'essayer ceux de la batterie à tous les affûts avant de les recevoir.

Sous la tête de chaque affût, est suspendu un seau en tôle forte.

On renferme 1 dégorgeoir ordinaire dans chaque coffre d'avant-train de tous les affûts et des caissons de 1re ligne.

On compte de plus un dégorgeoir à vrille par affût, 1 doigtier, 1 sac à étoupilles et 1 étui à lances. Ces deux derniers objets sont placés dans le chariot de batterie jusqu'au moment où ils sont remis aux cannoniers. On donne 2 sacs à charge par pièce, et ceux-ci sont également renfermés dans le chariot de batterie en attendant que le 3e et 4e servant de gauche s'en équipent.

Il y a 1 boute-feu et 1 porte-lance par affût;

la douille du porte-lance se loge dans le coffre à munitions, et le manche dans le chariot.

On place dans les coffres 2 crochets à désétouper par caisson de bouche à feu et 1 par affût, il en est de même des spatules.

Les assortimens des pièces sont les boîtes à graisse (on en met une par affût, elle se fixe ordinairement à l'avant-train du caisson), les pelles, pioches, seaux, prolonges, au nombre de 1 par affût.

N. B. Les prolonges doivent être en chanvre de première qualité, à quatre brins, et de 25 à 28 millimètres de diamètre; la longeur est de 6 mètres.

Dans le système Gribeauval, la prolonge a environ 18 mètres, et quand on réunit, par son moyen, l'avant-train à l'affût pendant les feux, elle est doublée pour présenter plus de résistance. Dans le nouveau système, la facilité avec laquelle on peut replacer l'affût sur son avant-train, fait que l'on emploie rarement la prolonge, et qu'on y attache moins d'importance.

Les rechanges ont été détaillés à l'article de l'approvisionnement du chariot et de la forge, les caissons ne portent que les roues, à raison de 1 pour 3 voitures, les timons ferrés autant que de bouches à feu, et les timons en blanc, en même nombre moins 2.

BOUCHES A FEU.

Les canons qui entrent dans la composition des batteries, sont, à très-peu de chose près, du modèle Gribeauval adopté en 1785. Mais les nouveaux obusiers diffèrent essentiellement des premiers; ainsi, tandis que l'obusier de 6^{po} Gribeauval n'a de longueur d'ame, la chambre comprise, que 2^{pi} 1° 4^{li} 1/2, l'obusier nouveau de même calibre a de longueur d'ame 5^{pi} 6^{po} 5^{li} 1/2. Le premier ne pèse que 650 livres et le second 1800 livres.

L'allongement des obusiers actuellement en usage a été adopté, 1° pour donner plus de portée et plus de justesse à cette espèce de bouche à feu, 2° pour que le même affût convînt à la fois au canon et à l'obusier correspondant.

L'augmentation de poids résultant d'une plus grande longueur d'ame, n'est pas un inconvénient, puisque les nouveaux obusiers ne pèsent pas plus que les canons avec lesquels ils doivent former batterie. Ainsi leurs poids respectifs sont :

Pour le canon de 12......... 1808 livres.
Pour l'obusier allongé de 8^{po}. 1800 *id.*
Pour le canon de 8........ 1186 *id.*
Pour l'obusier allongé de 6^{po}. 1200 *id.*

La chambre des obusiers allongés a le même diamètre que l'ame des canons avec lesquels ils sont respectivement mis en batterie, le même écouvillon sert aux deux bouches à feu; seulement le refouloir des obusiers a son bout creusé en segment hémisphérique à godet, pour recevoir la fusée de l'obus quand on charge l'obusier.

N. B. Le calibre des canons, c'est-à-dire leur diamètre

intérieur, est de 4 p° 5 lig. 9 ps. pour le 12 ; 3 p° 11 lig.
pour le 8 ; 3 p° 1 lig. 4 ps. pour le 4. Leurs projectiles ont 1 ligne de moins en diamètre, c'est ce qu'on
nomme *le vent du boulet ;* la longueur de l'ame des canons de bataille est 17 fois le diamètre de leurs projectiles, et leurs poids est 150 fois celui de ces mêmes projectiles.

PERSONNEL.

Les qualités que nous avons signalées dans
le nouveau système d'artillerie, et dont le
mode de guerre actuel augmente encore l'importance, ont imposé l'obligation de simpli-
fier les formes organiques du personnel, et
d'introduire dans sa constitution des modifi-
cations qui lui donnassent le degré de mobilité nécessaire pour profiter de tous les avantages que présentent les perfectionnemens
obtenus.

Sous d'autres rapports, la nécessité de
changemens importans dans la constitution du
personnel de l'artillerie était reconnue depuis
long-temps. Au lieu de former un même corps
animé d'un même esprit, dirigé par des intérêts identiques, le personnel de l'artillerie se
composait de deux parties distinctes qu'il fallait réunir au moment de la guerre, puisque
leur coopération pouvait seule constituer le
service de cette arme en campagne. L'une de
ces parties était exclusivement chargée du
service, de l'exécution des bouches à feu ; c'é-
tait l'artillerie proprement dite : l'autre sous la

4.

dénomination de train d'artillerie, était uniquement préposée à la conduite des pièces et de leurs munitions. Ces deux classes d'agens, presque étrangers l'un à l'autre en temps de paix, étaient même en temps de guerre, où leur concours devenait indispensable, plutôt juxta-posés qu'amalgamés, puisqu'ils conservaient des chefs particuliers, une organisation différente, et une administration séparée. De là naissaient ces froissemens intérieurs, qui trop souvent devinrent nuisibles au service.

La nouvelle organisation a mis un terme à ces inconvéniens, en admettant en principe :

1° Que tout homme qui figure devant l'ennemi, soit en servant, soit en conduisant une bouche à feu, fait partie d'une classe de canonniers. Ceux qui servent les pièces sont des *canonniers servans*, ceux qui conduisent les pièces sont des *canonniers conducteurs*. Les uns et les autres ont le même rang, portent le même uniforme, sauf quelques légères différences qu'exige la nature spéciale de leur service respectif.

2° Qu'en temps de paix comme en temps de guerre, la portion du personnel affectée à l'exécution des bouches à feu, et celle qui est affectée à les conduire, ne forment qu'un seul et même tout, désigné sous le nom de *batterie*.

En effaçant ainsi toute disparité entre des hommes appelés en commun à un service où leur concours est nécessaire, la nouvelle organisation a réuni des intérêts jusqu'alors divisés. Elle a établi unité dans le commandement, ensemble dans les manœuvres, et fait disparaître les difficultés que présentaient les transitions de l'état de paix à l'état de guerre.

Pour fournir un type d'après lequel le personnel de l'artillerie de la Garde nationale a dû être organisé, nous allons donner la composition actuelle d'un régiment d'artillerie.

Chaque régiment d'artillerie est composé d'un état-major, de trois batteries à cheval, de treize batteries à pied (1); en temps de guerre seulement, d'un cadre de dépôt.

L'état-major, les batteries et le cadre de dépôt sont composés conformément aux tableaux suivans :

---

(1) De ces treize batteries six sont affectées au service de trente-six pièces de canon de bataille, et ce sont celles-là dont les canonniers sont montés sur les coffrets. Les sept autres batteries sont dites *batteries de siége*, et sont effectivement consacrées au service du matériel de siége et de place. Toutes reçoivent néanmoins la même instruction et portent le même uniforme.

ÉTAT-MAJOR.	PIED DE GUERRE.		PIED DE PAIX.	
	hommes.	chevaux.	hommes.	chevaux.
Colonel	1	5	1	3
Lieutenant-colonel.............	1	4	1	3
Chefs d'escadrons..............	4	12	4	8
Major......................	1	2	1	2
Adjudans-majors..............	2	4	2	2
Trésorier....................	1	1	1	»
Chirurgiens.. { majors	1	2	1	»
{ aides-majors.....	2	2	2	»
TOTAL des officiers.....	13	32	13	18
Adjudans	(1) 2	2	4	2
Chef artificier.......	1	»	1	»
Vétérinaires.. { en premier......	1	1	1	»
{ en second.......	1	1	1	»
Trompette maréchal-des logis.....	1	1	1	1
Trompette brigadier............	1	1	1	1
Maître-armurier-éperonnier..	1	»	1	»
Maîtres-ouvriers..... { Tailleur.........	1	»	1	»
{ Cordonnier-bottier	1	»	1	»
{ Sellier-bourrelier..	1	»	1	»
TOTAL des sous-officiers et ouvriers	11	6	13	4

(1) En sus des adjudans des batteries organisées sur le pied de guerre.

	PIED DE GUERRE.						PIED DE PAIX.				
	À CHEVAL.		À PIED montés		À PIED non montés		À CHEVAL		À PIED montés		À PIED non montés
BATTERIES.	hommes.	chevaux.	hommes.	chevaux.	hommes.	chevaux.	hommes.	chevaux.	hommes.	chevaux.	hommes.
Capitaines.. commandt.	1	3	1	3	1	3	*1	2	1	2	*1
Capitaines.. en second.	1	3	1	3	1	3	*1	»	*1	»	*1
Lieutenans. en premier.	1	2	1	2	1	2	1	1	1	1	1
Lieutenans. en second..	1	2	1	2	1	2	1	1	1	1	1
Total des officiers..	4	10	4	10	4	10	4	4	4	4	4
Adjudant de batterie...	1	1	1	1	»	»	»	»	»	»	»
Maréchal-des-logis chef.	1	1	1	1	1	»	1	1	1		1
Maréchaux-des-logis....	6	6	6	6	6	»	6	6	6	8	4
Fourriers.............	2	2	2	2	1	»	1	1	1		1
Brigadiers............	8	8	8	2	8	»	6	6	6	»	4
Artificiers...........	6		6	»	6	»	6		6	»	4
Canonniers servans de 1re classe.	24	48	24	»	24	»	13	18	18	»	18
Canonniers servans de 2e classe.	48		36	»	48	»	28		24	»	24
Canonniers conduct. de 1re classe.	36	156	40	180	»	»	12	26	12	26	»
Canonniers conduct. de 2e classe.	52		60		»	»	18		18		»
Ouvriers en bois et en fer.	4	»	4	»	4	»	4	»	4	»	4
Maréchaux ferrans......	3	3	3	3	»	»	2	»	2	»	»
Bourreliers...........	2	»	2	»	»	»	1	»	1	»	»
Trompettes............	3	3	3	3	2	»	3	»	3	»	2
Total des sous officiers et canonniers......	196	228	196	198	100	»	102	60	102	36	62
Enfans de troupes......	2	»	2	»	1	»	1	»	1	»	1

* Détachés dans les établissemens de l'arme.

Sur le pied de paix, ainsi que sur le pied de guerre, les trois batteries à cheval et au moins six batteries à pied par régiment, seront montées.

CADRE DE DÉPOT.	PIED DE GUERRE.	
	hommes.	chevaux.
Capitaines.... { commandant.........	1	2
en second..........	1	2
Lieutenans... { en premier.........	1	1
en second..........	1	1
Total des officiers....	4	6
Maréchal-des-logis chef.............	1	
Maréchaux-des-logis................	6	
Fourriers........................	2	8
Brigadiers.......................	8	
Maréchaux ferrans.................	2	»
Bourreliers......................	2	»
Trompettes..	2	2
Total des sous-officiers et canonniers.	23	10

Ainsi le complet d'un régiment d'artillerie est :

	PIED DE GUERRE.		PIED DE PAIX.	
	hommes.	chevaux.	hommes.	chevaux.
Officiers......................	82	199	78	55
Sous-officiers, brigadiers, ouvriers et canonniers.........	2408	1888	1365	400
Enfans de troupe............	25	»	16	»
	2605	2087	1459	455

DES ATTELAGES DE L'ARTILLERIE.

D'après la constitution organique du corps de l'artillerie, tous les canonniers doivent être aptes à conduire les voitures qui composent son matériel; il est donc indispensable qu'ils sachent la manière de harnacher et d'atteler les chevaux dont la conduite leur est confiée. L'instruction relative à ce sujet que nous allons transcrire ici, est applicable à l'artillerie Gribeauval dont les harnais sont les mêmes qu'aujourd'hui, à quelques petites exceptions près. Ainsi le collier des chevaux pour le nouveau système porte des courroies d'agrafe pour fixer les supports de timon, et ses *attelles*, pièces sur lesquelles se fait l'effort du tirage, sont en fer au lieu d'être en bois comme dans l'ancien système. Le reste est identique, et l'on distingue dans chaque attelage *les traits* destinés à atteler les chevaux, *les fourreaux* empêchant les chevaux d'être blessés par le frottement des traits.

Le *surdos* et son *boucleteau* servant à soutenir les traits.

La *sous-ventrière* s'opposant à ce que les traits passent sur la croupe du cheval.

L'*avaloire* qui donne aux chevaux de derrière le moyen de reculer la voiture ou de la retenir dans des pentes rapides; *le bras du haut* et *le bras du bas* en sont les parties les plus remarquables.

La *plate-longe* qui sert à soutenir et à reculer la voiture, en agissant sur la chaîne de timon et sur l'avaloire où ses extrémités sont fixées.

Chaque canonnier-conducteur est chargé de conduire deux chevaux; l'un sur lequel il monte, est appelé *porteur*, l'autre est nommé *sous-verge*. Lorsque ces chevaux doivent être attelés immédiatement à la voiture, ils sont désignés sous le nom de *chevaux de derrière* ou de *timon;* on les appelle *chevaux de devant* quand ils sont à la tête de l'attelage. Dans les attelages à six chevaux, ceux du milieu étaient nommés *chevaux de volée*, parce qu'aux voitures Gribeauval, ils s'attelaient sur une volée mobile accrochée à l'extrémité du timon.

Cette pièce qui ajoutait au poids du timon, a été supprimée dans le système sans sassoire, et on attèle aujourd'hui les chevaux les uns sur les autres, ce qui peut présenter un grave inconvénient sur un champ de bataille quand un cheval de derrière vient à être tué; car il n'y a plus de point d'attache pour le cheval qui le précède immédiatement.

INSTRUCTION

POUR LES CANONNIERS-CONDUCTEURS.

MANIÈRE DE HARNACHER LES CHEVAUX.

Un attelage se compose de quatre chevaux, deux de derrière et deux de devant.

On fera disposer à quatre pas en arrière des chevaux, deux harnais de derrière, l'un de porteur et l'autre de sous-verge, et deux harnais de devant, aussi de porteur et de sous-verge. Les chevaux seront attachés au râtelier par un nœud à boucle.

On fera placer deux hommes à deux pas en arrière des harnais, les dénommant l'un canonnier de derrière et l'autre canonnier de devant, et on leur donnera les explications suivantes.

Chaque canonnier devant conduire deux chevaux; l'un, sur lequel il monte, est appelé porteur, l'autre est nommé sous-verge; lorsque ces deux chevaux doivent être attelés immédiatement à la voiture, ils seront désignés sous le nom de chevaux de timon ou de derrière;

5

on les appelle chevaux de devant quand ils sont à la tête d'un attelage ; dans les attelages à six chevaux ceux du milieu porteront cette dénomination.

On observera que les colliers soient placés à terre, les attelles en-dessous, que leur extrémité inférieure soit vis-à-vis le cheval ; la selle sera placée sur les colliers et les effets de paquetage à droite.

Les canonniers ôteront leur coiffure pour harnacher.

Harnacher le porteur de derrière.

Placer la selle sur le dos du cheval d'après les principes de l'ordonnance de cavalerie, du 6 décembre 1829, art. 6, bases de l'Instruction.

1° Dresser le collier sur son extrémité inférieure avec les deux mains, le prendre avec la main gauche au-dessous de l'anneau carré de l'attelle droite, la main droite le saisissant à six pouces au-dessus de l'anneau carré de l'attelle gauche, les quatre doigts en dehors et le pouce en dedans.

2° Élever le collier, le tenir de manière que la partie supérieure de l'intérieur repose sur la tête du cavalier, la main gauche le tenant toujours ; se porter près de la tête du cheval en passant à gauche, détacher le cheval, engager la longe avec la main droite dans le collier, et la tenir de cette main à dix-huit pouces dé la tête du cheval; faire un demi-tour à droite, pour faire face au cheval sans abandonner la longe, incliner vers soi le collier et engager en même temps le nez du cheval dans la partie inférieure, dresser le collier, l'élever suffisamment, afin que les yeux du cheval se trouvent dans la direction de la partie la plus large, et l'enfoncer jusqu'aux épaules; le collier mis, attacher le cheval au râtelier par un nœud de batelier.

3 Faire un à-droite pour se placer vis-à-vis l'épaule gauche du cheval.

4° Déboucler les courroies trousse-harnais, en commençant par celle fixée à l'attelle droite; déployer l'avaloire et la porter sur la croupe du cheval, ayant soin que toutes ses parties soient sur leur plat; se porter derrière le cheval, engager la queue dans le culeron de la croupière, en se conformant à ce qui est prescrit à l'article *seller* (École du cavalier, bases de l'instruction, grosse cavalerie), passer la longe de croupière dans la chape du derrière de la selle, la boucler à la boucle fixée au milieu du bras du haut de l'avaloire, et la fixer à la boucle enchapée de croupière; passer à droite, fixer le boucleteau porte-fourreau droit à un des contre-sanglons de la selle; revenir à gauche pour fixer le boucleteau porte-fourreau gauche à un des contre-sanglons de la selle, boucler la sous-ventrière, passer la dragonne dans la chape du devant de la selle, la boucler, et rouler les courroies trousse-harnais.

Note. Si le cheval refuse de recevoir le collier, il faut l'attacher court, après avoir fait passer la longe dans le collier, n'oubliant jamais que les meilleurs moyens à employer sont la douceur et les bons traitemens. Si le cheval a la tête trop grosse, et que par suite le collier ait de la peine à passer, il faut le présenter de haut en bas, cette manière diminue la difficulté.

Observation. Pour déboucler, boucler et rouler les courroies trousse-harnais, le cavalier restera toujours placé à la gauche du cheval, et si le cheval est trop grand, que le cavalier ne puisse pas ployer facilement les harnais du côté droit, il aura soin de pencher un peu le collier de son côté, pour agir avec plus de facilité.

Harnacher le sous-verge de derrière.

Comme le porteur n°s 1, 2 et 3.

4° Déboucler les courroies trousse-harnais en commençant par celle fixée à l'attelle droite; déployer l'avaloire, et la placer sur la croupe du cheval, en ayant soin que toutes ses parties soient sur leur plat; se porter derrière le cheval pour engager la queue dans le culeron de la croupière, en se conformant à ce qui est prescrit à l'article *seller* (École du cavalier);

revenir à gauche pour boucler le surfaix, la sous-ventrière, et rouler les courroies trousse-harnais.

Harnacher le porteur de devant.

Placer la selle, etc. (comme le porteur de derrière, n°ˢ 1, 2 et 3).

4° Le collier étant mis, déboucler les courroies trousse-harnais en commençant par celle fixée à l'attelle droite; prendre les porte-fourreaux et les traits avec les deux mains, les placer sur la croupe du cheval; fixer la courroie porte-fourreau à la croupière, la boucler au boucleteau de l'extrémité du fourreau gauche, et fixer les traits sur la croupière avec la courroie trousse-traits; se porter du côté droit, boucler le boucleteau porte-fourreau à un des contre-sanglons de la selle; revenir à gauche, boucler le boucleteau à un des contre-sanglons de la selle, boucler la sous-ventrière, passer la dragonne dans la chape de devant de la selle, la boucler et rouler les courroies trousse-harnais.

Harnacher le sous-verge de devant.

Comme le porteur de derrière, n°ˢ 1, 2 et 3.

4° Le collier mis, déboucler les courroies trousse-harnais, en commençant par celle fixée à l'attelle droite; prendre le surfaix et les traits avec les deux mains, placer le surfaix

5.

sur le dos du cheval et les traits sur la croupe; se placer derrière le cheval pour engager la queue dans le culeron; revenir à gauche, boucler le surfaix, la sous-ventrière, et rouler les courroies trousse-harnais.

Note. Pour que les chevaux soient bien harnachés, il faut que le collier soit aisé à l'encolure sans cependant être trop large, et que sa longueur soit telle qu'on puisse passer la main ouverte entre la partie intérieure du collier et le poitrail, que les plates-longes et les fourreaux soient sur leur plat, que le bras du haut de l'avaloire corresponde à la partie supérieure des hanches, et que le bras du bas soit un peu au-dessous de la pointe des fesses (c'est-à-dire un ou deux pouces).

Les chevaux étant harnachés, on les chargera et on bridera comme il suit.

Charger.

Les deux musettes seront placées en avant des battes de la selle; on les fixera par leurs courroies au crampon du pommeau, celle qui renferme le pain sera placée à gauche pour que le sous-verge ne l'abîme pas, et celle qui renferme les effets de pansage sera placée à droite; le pantalon d'écurie, étant ployé et roulé, sera placé sur le pommeau, ayant soin que ses extrémités ne dépassent pas les musettes; le sac à distribution, étant ployé en huit dans sa longueur, sera placé par-dessus

le pantalon d'écurie; le manteau, étant ployé
et roulé de manière à ne dépasser les bouts de
la demi-chabraque, sera placé par-dessus le
sac à distribution, on aura soin qu'il couvre
bien le sac à distribution et le pantalon d'écurie; fixer le manteau par le milieu avec la dragonne du pommeau, et les extrémités par les
courroies adaptées à cet effet aux quartiers de
la selle, placer la demi-chabraque dessus le
manteau, que l'on fixera avec les courroies des
extrémités du manteau.

Note. La trousse, le nécessaire d'armes, la
patience, la brosse à boutons, la brosse à ha-
bits et la boîte à tripoli, seront placés dans la
musette qui renferme le pain.

La boîte à cirage et les brosses à bottes seront placées dans celle qui renferme les effets
de pansage.

La besace, le porte-manteau, la corde à
fourrage et le bridon d'abreuvoir seront placés comme au paquetage de la cavalerie.

Brider le sous-verge.

Comme l'ordonnance de cavalerie; le cheval
étant bridé, déboucler les rênes, passer celle
de droite par-dessus la tête du cheval, l'engager dans l'anneau rond de l'extrémité supérieure de l'attelle droite; engager celle de
gauche dans l'anneau gauche, la boucler à
celle de droite, et les fixer par le milieu au
crochet recourbé du surfaix.

Brider le porteur.

Comme l'ordonnance de cavalerie.

Débrider.

On fera exécuter dans l'ordre inverse les détails d'exécution de la manière de brider.

Décharger.

On fera exécuter dans l'ordre inverse les détails d'exécution de la manière de charger.

Déharnacher le porteur de derrière.

1° Dérouler les courroies trousse-harnais, en commençant par celle fixée à l'attelle gauche du collier, dégager la dragonne de la chape du devant de la selle et la rouler, déboucler la sous-ventrière et le boucleteau gauche porte-fourreau; passer à droite, déboucler le boucleteau droit porte-fourreau; revenir derrière le cheval pour dégager la longe de croupière de la chape du derrière de la selle, et la fixer au bras du haut de l'avaloire, ôter la queue du culeron; prendre le bras du bas de l'avaloire avec les deux mains, la gauche le saisissant près de la fesse gauche, et la droite près de la fesse droite, le placer sur celui du haut, ayant soin qu'il soit renversé, et placer la croupière par-dessus; saisir l'avaloire près de l'anneau gauche avec la main droite, la gauche la saisissant près de l'anneau droit; les mains ainsi placées faire tourner l'avaloire, en ramenant à soi la main gauche de manière que la partie de la plate-longe qui est à droite du cheval, se trouve croisée sur celle qui est à gauche; enlever l'avaloire par le milieu avec les deux mains, les ongles en dessous; la placer sur la tête du collier en passant à gauche, et la fixer solidement ainsi que les fourreaux avec les courroies trousse-harnais, en commençant par celle de gauche.

2° Détacher le cheval, passer la longe dans le collier et la saisir avec la main droite; prendre le collier des deux mains (comme au n° 1 pour harnacher), l'élever, le tirer à soi et l'ôter, en dégageant d'abord la partie supérieure de la tête du cheval; puis rattacher le cheval au râtelier et replacer le collier.

Pour ôter la selle, on se servira des principes établis à l'article *Desseller* (École du cavalier).

Observation. Les harnais doivent être ployés de manière qu'aucune pièce n'empêche de sortir ou d'entrer la tête du cheval de dedans le collier et que rien ne dépasse son extrémité inférieure.

Déharnacher le sous-verge de derrière.

1° Dérouler les courroies trousse-harnais, en commençant par celle fixée à l'attelle gauche du collier, déboucler la sous-ventrière et le surfaix; se porter derrière le cheval pour dégager la queue du culeron; prendre le bras du bas de l'avaloire avec les deux mains, la gauche le saisissant près de la fesse gauche, la droite, près de la fesse droite, le placer sur le bras du haut ayant soin qu'il soit renversé, et placer la croupière par-dessus; saisir l'avaloire près de l'anneau gauche avec la main droite, la gauche la saisissant près de l'anneau droit; les mains ainsi placées faire tourner l'avaloire, en ramenant à soi la main gauche de manière que la partie de la plate-longe qui est à la droite du cheval se trouve croisée sur celle qui est à la gauche; enlever en même temps l'avaloire et le surfaix par le milieu avec les deux mains, les ongles en dessous, les placer sur la tête du collier en passant à gauche, et les fixer solidement ainsi que les fourreaux avec les courroies trousse-harnais, en commençant par celle de gauche.

2° Comme pour ôter le collier du porteur.

Déharnacher le porteur de devant.

1° Dérouler les courroies trousse-harnais, en commençant par celle fixée à l'attelle gauche du collier, dégager la dragonne de la chape du devant de la selle et la rouler, déboucler la sous-ventrière, le boucleteau porte-fourreau et la courroie porte-fourreau gauche; passer à droite, déboucler le boucleteau porte-fourreau droit; revenir derrière le cheval, dégager la courroie porte-fourreau de la croupière, et déboucler la courroie trousse-trait; enlever en même temps les traits et la courroie porte-fourreau, en la saisissant par le milieu avec les deux mains, les ongles en dessous; les placer sur la tête du collier en passant à gauche, et les fixer solidement, ainsi que les fourreaux, avec les courroies trousse-harnais, en commençant par celle de gauche.

2° Comme le porteur de derrière, et enlever la selle en suivant les principes établis à l'article *Desseller* (*École du cavalier*).

Déharnacher le sous-verge de devant.

1° Dérouler les courroies trousse-harnais, en commençant par celle fixée à l'attelle gauche du collier, déboucler la sous-ventrière et le surfaix; se porter derrière le cheval, dégager la queue du culeron, enlever en même temps les traits, la croupière, le porte-fourreau et le surfaix par le milieu avec les deux mains, les ongles en dessous, les placer sur la tête du collier en passant à gauche, et les fixer solidement ainsi que les fourreaux avec les courroies trousse-harnais, en commençant par celle de gauche.

2° Comme le porteur de derrière n° 2.

MANIÈRE D'ATTELER LES VOITURES DU MATÉRIEL DE CAMPAGNE.

Entrer au parc.

Le détachement entrera toujours au parc par un de ses côtés; devant entrer par la gauche, il aura la droite en tête, et réciproquement.

Arrivant par la gauche, chaque attelage s'arrêtera à trois pas du timon de la voiture à laquelle il devra atteler; étant arrêté, on commandera :

PAR CAVALIER A GAUCHE.

MARCHE.

HALTE.

En exécutant ce mouvement, les canonniers qui conduisent les chevaux de devant auront soin de marcher deux pas pour faciliter le mouvement des chevaux de derrière.

Étant arrêté, on commandera :

PIED (*à*) TERRE.

ATTELEZ.

Au commandement *pied à terre*, les canonniers suspendront leur fouet, en engageant le manche dans l'anneau rond de l'extrémité supérieure de l'attelle droite, et mettront pied à terre, comme il est prescrit à l'École du cavalier (art. 6, base de l'instruction); étant arrivé à terre, saisir le bout des rênes du porteur avec la main droite, les ongles en-dessous, le pouce entre les deux rênes, les passer en dehors des attelles pour les engager sur le pommeau de la selle, de manière qu'elles soient arrêtées par les battes, et faire front par un à-gauche.

Au commandement *attelez*, chaque canonnier se portera devant la tête de ses chevaux, leur fera face par un demi-tour à droite, saisira avec la main droite les rênes du porteur, à six pouces de la bouche du cheval, les ongles en-dessous, et de la main gauche la longe du sous-verge près de l'anneau gauche de la bride; il reculera ses chevaux de manière à pouvoir les atteler aisément; le canonnier qui conduit les chevaux de derrière, fixera les supports de timon aux colliers de ses chevaux par le moyen de la courroie d'agrafe, accrochera les chaînes d'attelage aux crochets de plate-longe, en commençant par le porteur; puis accrochera les traits de son sous-verge, en commençant par celui de gauche, passera ensuite derrière la voiture au pas de course, pour accrocher les traits du porteur, en commençant par celui de droite; relèvera la servante et reprendra la position qu'il occupait après avoir mis pied à terre, se tenant prêt à monter à cheval.

Le canonnier qui conduit les chevaux de devant, ne fera reculer ses chevaux que quand celui de derrière aura accroché les chaînes d'attelage; après avoir fait reculer ses chevaux, il se portera derrière son porteur en passant à gauche, débouclera la courroie porte-traits, fixera les traits à ceux du porteur de derrière, en commençant par celui de gauche, ayant soin que celui de droite passe par-dessus la chaîne d'attelage; il fixera ensuite les traits de son sous-verge à ceux du sous-verge de derrière, ayant soin que celui de gauche passe par-dessus la chaîne d'attelage; il reviendra prendre la position qu'il occupait après avoir mis pied à terre, en passant devant ses chevaux, et se tiendra prêt à monter à cheval.

Les chevaux étant attelés, on aura soin que les traits ne soient pas trop courts, qu'ils soient égaux; que les chaînes d'attelage ne soient pas trop courtes, que les plates-longes et toutes les parties du harnais soient sur leur plat, que la sous-ventrière ne soit pas trop lâche, que les porte-fourreaux ne soient pas trop courts, que l'avaloire soit bien placée, et enfin, que les traits du sous-verge soient de six pouces plus courts que ceux du porteur. L'instructeur fera rétablir en sa présence tout ce qui sera défectueux.

Les chevaux étant ainsi attelés, voulant faire monter à cheval, on commandera :

A CHEVAL.

A ce commandement, chaque canonnier fera un à-droite et dégagera avec la main droite les rênes de son porteur de dessus la tête du collier, et montera à cheval par les principes de l'École du cavalier.

Le canonnier, placé en selle, saisit de la main droite le fouet et la longe du sous-verge. Voulant faire dételer, on commandera :

GARDE A VOUS.

PIED (*à*) TERRE.

DÉTELEZ.

Au commandement *pied à terre*, ce mouvement s'exécute comme pour mettre pied à terre lorsqu'on veut atteler. Au commandement *dételez*, le canonnier qui conduit les chevaux de derrière, fait un demi-tour à droite et se porte à la volée fixe, abat la servante, décroche les traits de son porteur en commençant par celui de gauche, en double l'extrémité d'environ deux pieds, qu'il fixe solidement sur la croupière avec la courroie trousse-traits; se porte ensuite au pas de course du côté du sous-verge en passant derrière la voiture, décroche ses traits et les fixe de même que ceux du porteur; revient devant ses chevaux; décroche les chaînes d'attelage et déboucle les courroies d'agrafe, en commençant par le sous-verge, réunit en avant du timon les branches de support; se place à la gauche de son porteur et se tient prêt à monter à cheval.

Le canonnier de devant, après avoir mis pied à terre, fera reculer ses chevaux pour dételer avec aisance, se portera derrière le sous-verge en passant à droite, décrochera ses traits dans l'ordre inverse qu'il les a accrochés, les fixera sur la croupière; décrochera et fixera ensuite ceux du porteur; reviendra se placer à la gauche et se tiendra prêt à monter à cheval.

Les chevaux étant dételés, on commandera:

A CHEVAL.

A ce commandement, les canonniers monteront à cheval d'après les principes indiqués lorsque les chevaux sont attelés.

Sortir du parc, par les moyens inverses indiqués pour y entrer.

Observation. Les branches de support doivent toujours être réunies en avant du timon; si elles l'étaient dans le sens contraire, les chevaux pourraient les accrocher en reculant, et cela occasionnerait de très-graves accidens.

INSTRUCTION

SUR LA CONDUITE DES VOITURES D'ARTILLERIE.

Il est nécessaire que tout canonnier-conducteur ait reçu une instruction préparatoire comme cavalier, et l'on ne doit lui confier la conduite des voitures, que lorsqu'il est suffisamment instruit dans les détails de l'article 7 des bases de l'instruction de l'ordonnance de cavalerie, et dans les quatre premières leçons de l'école du cavalier à cheval (1).

Les moyens élémentaires de la conduite des voitures, sont les *à-droite*, les *à-gauche*, les *demi-tours*, etc.

Pour exécuter un *à-gauche*, le conducteur rassemble d'abord ses chevaux ; il fait ensuite tourner le porteur d'après les principes qui ont dû lui être enseignés dans l'école du cavalier. Il rend en même temps au sous-verge et le soutient de la longe, pour le déterminer à décrire un arc de cercle de 5 ou 6 pas en accélérant l'allure. Lorsque la conversion est près de finir, il reprend la marche directe et l'allure primitive en replaçant les jambes et la main gauche, et élevant la main droite,

(1) Voir *l'ordonnance sur l'exercice et les évolutions de la cavalerie, du 6 décembre* 1829.

6.

pour faire sentir un demi - temps d'arrêt au sous verge.

Pour exécuter un *à-droite*, il faut également rassembler ses chevaux, puis marquer un demi-temps d'arrêt au sous-verge en élevant la main droite, et rendant la main immédiatement après; s'il refuse d'obéir, lui faire sentir légèrement le manche du fouet sur la joue gauche; déterminer en même temps le porteur à tourner à droite, en décrivant un arc de cercle de 5 ou 6 pas en alongeant l'allure.

La conversion étant près de finir, marquer un demi-temps d'arrêt au porteur, et rendre vivement au sous-verge; les chevaux ayant repris l'allure primitive, replacer les jambes et les poignets.

Les demi-tours s'exécutent d'après les mêmes principes que les *à-droite* ou les *à-gauche* en obliquant d'abord l'espace de 6 pas du côté opposé à celui où l'on veut tourner.

Si les pièces étaient à la prolonge, ces mouvements se font à prolonge lâche si l'on est de pied ferme, et à prolonge tendue si l'on est en marche, excepté les demi-tours qui se font toujours à prolonge lâche, et de la manière suivante : les chevaux de devant exécutent d'abord leur demi-tour, les autres chevaux sont arrêtés s'ils étaient en marche, et tout l'attelage entre successivement dans la même direction et s'y prolonge de manière à faire passer la roue gauche de l'avant-train à 3 pas de la roue de la pièce.

A la connaissance de ces moyens élémentaires, il faut joindre celle des principes généraux relatifs aux difficultés qui peuvent naître de la nature des chemins, aux accidens que peut présenter le terrain, aux soins qu'exigent quelques circonstances particulières, etc.

Les sous-officiers et les officiers d'artillerie eux-mêmes doivent se pénétrer de ces préceptes, car si la science de la guerre, comme l'a dit un de nos grands capitaines, est dans les jambes des soldats, la science de l'artillerie en campagne, est dans la marche sûre et rapide de son matériel.

CHAPITRE 1ᵉʳ.

DIFFICULTÉS DU TERRAIN.

Marcher.

Quelle que soit la nature du terrain, il faut, avant de mettre une voiture en mouvement, que les traits des chevaux soient également tendus, afin que tout l'attelage fasse effort en même temps et sans à-coup.

Si le terrain présente au départ des difficultés telles que sillons, ornières, marécages, etc., il faut diriger les chevaux obliquement, afin de faciliter le mouvement des roues de devant et par suite celui de la voiture, et ensuite obliquer dans le sens opposé pour prendre la direction convenable : toutes les fois que la nature de l'obstacle ne s'y oppose pas, il est avantageux de commencer par obliquer à gauche.

Si le terrain est généralement difficile, les voitures laisseront entre elles quatre ou cinq pas de distance pour que chacune puisse choisir son chemin. Les soldats tiendront les jambes près et activeront le sous-verge afin que l'allure soit franche et décidée; on veillera à ce que dans aucun cas, les chevaux de derrière ne soient pas plus ménagés que ceux de devant.

Pendant les marches, les officiers s'arrêteront fréquemment pour voir défiler la portion de la colonne dont ils ont la surveillance, et s'assureront ainsi que les voitures marchent en ordre, que les sous-officiers et brigadiers sont à leurs postes et surveillent convenablement les voitures qui leur sont confiées.

Monter.

Si la montée est rapide et courte, les soldats auront les jambes près, et tiendront les chevaux en main, sans les contraindre; la distance d'une voiture à l'autre sera de huit ou dix pas, l'allure sera décidée; on exigera que le sous-verge emploie toute sa force, en l'excitant avec le fouet s'il est nécessaire. La montée franchie, on marchera au petit pas pendant quelques minutes afin de rétablir les distances ordinaires et pour faire reprendre haleine aux chevaux ; on les remettra ensuite à l'allure habituelle.

Si la montée est longue, rapide et que le chemin soit en mauvais état, il faut, sans hésiter, faire dételer les chevaux de devant de la seconde moitié des voitures, et les atteler sur celles qui composent la première moitié ; les soldats seront à pied, ceux qui conduisent les chevaux du milieu marcheront du côté des sous-verges pour les surveiller, et les autres à côté de leur porteur ; les chevaux seront laissés à leur allure ordinaire. Arrivé en haut, on dételera tous les chevaux de devant pour atteler et monter de même les dernières voitures (1).

Quand on double avec des attelages à six chevaux, les soldats qui conduisent les chevaux du deuxième et du quatrième rang doivent marcher à côté des sous-verges.

Quelles que soient les difficultés du terrain, il ne faut pas atteler plus de dix chevaux sur chaque voiture ; au-delà de ce nombre, et déja même alors, il devient très-difficile de faire agir avec ensemble un si nombreux attelage, et l'on est exposé, par le défaut d'accord, à des retards et à des accidens.

––––––––––––––

(1) Si la montée est couverte de glace, il faut la casser ou jeter de la terre dessus.

Descendre.

Les canonniers-conducteurs ne doivent jamais mettre pied à terre dans les descentes ; celui qui conduit les chevaux de timon doit tenir son porteur en main et son sous-verge très-court ; les traits des chevaux de devant à peine tendus, ne doivent faire aucun effort sur la volée.

Enrayer.

Lorsqu'il est nécessaire d'enrayer, le soldat de derrière, toujours chargé de cette opération, doit avoir soin de faire passer la chaîne d'enrayage entre deux rais où se trouve une jonction de jantes, afin que le frottement de la roue ne s'opère pas sur les clous des bandes (1).

Avant de mettre pied à terre pour désenrayer, il est convenable de faire un peu reculer la voiture.

Tournans difficiles.

Dans les tournans difficiles, soit par la nature du terrain, soit parce que le coin qu'on doit passer forme un angle beaucoup au-dessous de quatre-vingt-dix degrés, il faut, pour tourner à gauche, par exemple, obliquer à droite le plus possible avant d'arriver au tour-

---

(1) Les roues du nouveau matériel sont garnies, non pas avec des bandes, mais avec des cercles.

nant, tourner ensuite à gauche de manière à passer près de l'obstacle, sans le toucher, et se prolonger vers la droite de la route autant que le permet sa largeur. Si la longueur de l'attelage présente quelques difficulté pour l'emploi de cette méthode, il faut dételer les chevaux de devant; enfin si ce dernier moyen est insuffisant, il devient nécessaire de porter l'arrière-train de la voiture.

CHAPITRE II.

ACCIDENS DU TERRAIN.

Franchir un mauvais pas.

Pour éviter d'être arrêté par un mauvais pas, il convient de faire marcher chaque voiture à huit ou dix pas de celle qui la précède; on place ensuite, au point où l'obstacle présente le plus de difficulté, un sous – officier chargé de recommander aux soldats de tenir les jambes près et d'activer le sous-verge par un coup de fouet, afin d'augmenter l'allure et de faire tirer les chevaux ensemble et avec force.

L'obstacle franchi, on ralentit l'allure pour calmer les chevaux et faire reprendre les distances ordinaires.

Passer un fossé.

Pour passer un fossé, une tranchée ou un ruisseau profond, il faut, comme dans le cas précédent, augmenter la distance entre les voitures et placer un maréchal-des-logis au point où l'obstacle doit être franchi ; ce sous-officier indique les mêmes moyens qu'au passage d'un mauvais pas, et prescrit de plus de couper diagonalement le fossé en y engageant successivement les roues d'un même train.

A la prolonge, après que les chevaux et l'avant-train ont franchi l'obstacle, il faut faire tendre la prolonge avec précaution, et n'agir avec force que quand la crosse est dégagée de la crête du fossé, de manière à ne pouvoir y être arrêtée.

Passer un gué.

Quand le fond ou la sortie d'un gué présente des difficultés, il faut doubler les attelages et placer deux sous-officiers l'un à l'entrée, l'autre à la sortie ; le premier fait observer les distances et prévient les soldats de ce qu'ils ont à faire ; l'autre les dirige à la sortie du gué.

Ici encore, l'allure des chevaux et la manière de les conduire sont absolument les mêmes que pour franchir un mauvais pas, mais surtout il faut éviter qu'ils boivent, qu'ils trot-

tent ou qu'ils s'arrêtent, soit en passant le gué
soit à sa sortie ; à cet effet, les soldats doivent
constamment animer leurs chevaux du fouet
ou de la voix, et les tenir dans les mains et
dans les jambes jusqu'à ce qu'ils soient sur la
rive opposée.

ARTICLE III.

SOINS QU'EXIGENT QUELQUES CIRCONSTANCES PARTICULIÈRES.

Passage des ponts militaires.

A l'entrée du pont, les officiers, sous - officiers et soldats mettront pied à terre ; les soldats dégageront les rênes de dessus la tête de
leur porteur et les saisiront comme pour défiler (1) ; on laissera vingt pas de distance d'une
voiture à l'autre et elles marcheront d'une allure ralentie. Si le tablier du pont est mouillé,
les soldats redoubleront d'attention pour empêcher les chevaux de glisser.

Pour passer un *pont - volant*, les soldats,
après y avoir placé leurs voitures, détèleront
les chevaux et, leur faisant face, les tiendront

____

(1) Voyez l'ordonnance de cavalerie ; École du cavalier.

en saisissant les rênes comme dans l'école du cavalier.

Si la rivière est houleuse ou que le passage s'opère de nuit, il faut enrayer les voitures.

Marches de nuit.

Dans les marches de nuit, la surveillance des officiers et sous-officiers sera plus soutenue et plus rigoureuse que dans les marches de jour. Ils veilleront à ce que les soldats ne dorment point à cheval, à ce que chaque voiture soit constamment à un pas de celle qui précède et dans la même voie; ils ne souffriront pas que les soldats mettent pied à terre sans y être autorisés; à chaque halte, et avant de monter à cheval, ils leur prescriront de soulever et de tirer à eux les traits de leurs chevaux pour s'assurer qu'ils ne sont pas empêtrés.

Marche dans un bois.

Dans ces marches, souvent obligés de baisser la tête pour se garantir des branches et branchages, les soldats doivent avoir attention de ne jamais fermer les yeux, s'ils ne veulent s'exposer à des accidents graves. Souvent aussi les chemins sont étroits, encaissés, les ornières profondes et le terrain glissant; comme alors on ne peut *cartayer* (1), il faut mettre pied

---

(1) On appelle *cartayer*, mettre une ornière entre les chevaux et entre les roues de la voiture.

à terre et conduire les chevaux par le milieu
de la rêne gauche de la bride, sans dégager la
droite, afin de pouvoir les abandonner momentanément sur le cou du cheval quand le
chemin ne permet pas de continuer à les tenir.

DU REMPLACEMENT DES HOMMES ET DES CHEVAUX HORS DE COMBAT.

Comme dans le service des bouches à feu,
il y a un ordre de remplacement à observer
pour les servans mis hors de combat; de même
dans les attelages il y a un mode de remplacement pour les hommes ou les chevaux man-
quans.

Pour suppléer aux canonniers conducteurs,
et aux chevaux mis hors de combat, on emploie d'abord ceux qui peuvent être fournis
par la réserve. Cette ressource étant épuisée,
le service se fait de la manière suivante :

Remplacement des hommes.

Dans un attelage à quatre chevaux, l'un
des soldats venant à manquer, le second conduit les chevaux de derrière et dirige les chevaux de devant au moyen de deux guides faites avec les cordes à fourrage; si les circonstances ne lui permettent pas de placer ces guides, il conduit les chevaux de devant.

Dans un attelage à six chevaux, le premier

homme manquant est remplacé par celui qui conduit les chevaux de volée; s'il en manque deux, celui qui reste conduit les chevaux de derrière, et les chevaux de devant sont donnés au soldat qui conduit les chevaux de volée du caisson le plus voisin auquel il ne manque personne.

Remplacement des chevaux.

Dans les batteries attelées à quatre chevaux, les attelages des pièces seront tenus au complet aux dépens des attelages des caissons.

Les remplacemens, soit pour les chevaux des pièces, soit pour ceux des caissons eux-mêmes, se font de la manière suivante :

Le premier cheval hors de combat est remplacé par le sous-verge de devant.

Le second cheval hors de combat est remplacé par le sous-verge de devant d'un caisson dont l'attelage est encore complet, ou, à défaut, par le porteur du devant du même attelage.

Lorsque les attelages des caissons sont réduits à deux chevaux, les remplacemens s'opèrent dans les pièces elle-mêmes, ainsi qu'il vient d'être dit pour les caissons.

Dans les batteries attelées à six chevaux, les deux premiers chevaux hors de combat sont remplacés par les chevaux de devant, en prenant d'abord le sous-verge.

On réduit de cette manière les attelages des

caissons à quatre chevaux, et ensuite les remplacemens des chevaux perdus par les pièces se font dans leurs attelages mêmes.

Dans les attelages des pièces à huit chevaux, les deux premiers chevaux hors de combat sont remplacés par ceux de devant, en commençant par le sous-verge.

Lorsque ensuite les pièces et les caissons se trouvent à six chevaux, on procède comme ci-dessus.

Enfin, toutes les fois que le service l'exige, on attèle les chevaux des trompettes et des brigadiers, et, à la rigueur, ceux mêmes des sous-officiers, en se servant des harnais des chevaux hors de combat.

Manière de placer les fourrages.

Dans l'artillerie Gribeauval, les caissons se prêtaient à une disposition particulière qui permettait de transporter une quantité assez considérable de fourrages quand on prévoyait faire des marches à travers un pays privé de ressources. La trousse de foin ou de paille étant faite, on prenait le bout libre de la corde à fourrage qu'on fixait par un nœud allemand sous le caisson au boulon assemblant le milieu des brancards; la longueur de la corde de ce point d'attache à la trousse étant de 3 pieds, permettait de placer la trousse sur le caisson, et de la rejeter à terre sans la détacher quand il fallait ouvrir le caisson.

Le sac d'avoine était placé sur l'extrémité antérieure des brancards, et assujetti au moyen d'une corde attachée aux anneaux destinés à cet usage.

Dans le système actuel d'artillerie il n'y a que les chariots de batterie qui puissent servir à transporter des fourrages. Ils ont été garnis pour servir à cet usage d'une fourragère composée de deux montans et trois épars, retenue par deux chaînes longues de 1 mètre 20 millimètres. Ces chaînes doivent supposer un poids de 800 kilog. sans se déformer, et du double environ avant de se rompre.

CHARGEMENT DES CAISSONS ET COFFRES A MUNITIONS.

Dans l'approvisionnement des bouches à feu de campagne du système Gribeauval, on comptait trois caissons par pièce de 12, deux par pièce de 8, un par pièce de 4, trois par obusier de 6 pouces ou de 24.

Dans un des caissons affectés à chaque pièce, on plaçait par dessus tout le chargement un étui à lances, un sac à étoupilles, deux doigtiers, trois dégorgeoirs dont un à vrille. Le nombre des lances à feu était de une par six coups; le nombre des étoupilles était égal à celui des coups augmentés d'un tiers, et l'on mettait douze toises de mèche par caisson.

Le chargement des caissons Gribeauval en cartouches à boulets se faisait à peu près comme se fait actuellement le chargement des coffres à munitions ; ainsi les cartouches reposaient sur le fond du caisson par leurs projectiles, les boîtes à balles par leurs culots, et les sachets par leur ligature; on logeait des étoupes entre les boulets et entre les boîtes, de manière que les projectiles fussent également espacés. On bourrait fortement entre les boulets, et un peu moins entre les boîtes pour ne pas les déformer, et on plaçait des lits successifs d'étoupes jusqu'à 6 lignes au-dessus des sachets. Le nombre des coups que pouvait recevoir chaque caisson, était :

Pour le 12, 72 coups, dont 8 à balles.
Id.   8, 96   —   10 *id.*
Id.   4, 168   —   18 *id.*

Ajoutons à cela, le chargement des coffrets d'affûts, réglé ainsi qu'il suit :

9 coups par coffret de 12.
15 coups par coffret de 8.
18 coups par coffret de 4.

Quand il s'agissait d'obus, on inclinait leurs fusées à 45 degrés au-dessus de l'horizontale, et on interposait des étoupes entre les obus. Chaque couche d'obus était recouverte d'un lit d'étoupes de 2 à 3 lignes d'épaisseur. Sur deux lits d'obus, on plaçait des barres de pression qui entraient dans des coulisses formées par des liteaux. C'est ainsi qu'on disposait 72 obus et 3 boîtes à balles dans le caisson d'obusier de 24, et 55 obus avec 3 boîtes à balles dans le caisson d'obusier de 6 pouces.

On jugera des avantages des coffres à munitions, dans le système actuel, par les détails suivans.

Le même coffre sert à tous les calibres, soit pour les avant-trains soit pour l'arrière-train du caisson ; il est partagé en deux demi-coffres par une *principale séparation*, clouée au fond et traversée par le boulon d'assemblage à tourniquet. On les partage ensuite, pour les canons, en plusieurs cases, par des *séparations*, en peuplier ou en sapin, contenues entre des *liteaux* de même bois, et placées dans les sens de la longueur du coffre pour le 12, et en travers pour le 8. Aux coffres d'obusiers, les obus étant rangés sur deux de hauteur, et chaque obus devant avoir son logement séparé, ces premières planches sont nommées *grandes séparations* et faites en noyer, peuplier, et à défaut, en sapin : elles sont en travers pour l'obusier de 6 pouces, en long pour celui de 24 ; les liteaux sont du même bois. Des *supports* et des *doubles supports d'obus*, en ormé ou noyer, reçoivent les obus, contenus en outre par des *séparations mobiles*, des *planchettes de séparations mobiles*, des *petites séparations porte-supports d'obus*; des *petites séparations de boîtes à balles* achèvent de déterminer convenablement la place de chaque objet; toutes ces planchettes, ainsi que leurs *liteaux* particuliers, sont du même bois que les grandes séparations.

Les arêtes du dessus de toutes les séparations sont arrondies par un rayon égal à la moitié de l'épaisseur.

L'arête extérieure des liteaux est arrondie par un rayon de 3 à 4 mill. Les liteaux sont fixés par des *clous d'épingle*, à raison de 4 par liteau long et 3 par liteau court.

N. B. Faisant face au-devant d'un coffre, c'est-à-dire à son ouverture, les cases en travers se comptent de gauche à droite.

Coffres à munitions pour canons de 12 ou de 8.

Les cartouches à boulet et les boîtes à balles sont rangées debout dans les cases du coffre.

Pour charger un coffre, il faut mettre une couche de 5 à 8 millimètres d'épaisseur dans le fond des cases, et ranger les objets dans l'ordre indiqué par la planche et les tableaux ci-dessous, en les espaçant le plus également possible; bourrer fortement d'étoupes les vides autour des boulets jusqu'au-dessus des sabots, et à la même hauteur autour des boîtes à balles; placer ensuite de nouvelles étoupes dans les vides, en bourrant fortement autour des boîtes à balles et légèrement autour des sachets pour les ménager; continuer ainsi jusqu'à 15 ou 20 mill. du dessus des grandes séparations.

Les lances à feu, les étoupilles et la mèche se placent, dans le coffre de 12, au-dessus du chargement du demi-coffre de droite, principalement sur les séparations; dans le coffre de 8, elles se placent dans la 2ᵉ case du demi-coffre de droite.

N. B. Dans le chargement qui a précédé celui-ci, il n'y avait pas de cartouches à boulets ; les charges de poudre étaient séparées des boulets, et placées dans des sacs de forte toile garnis de poignées et fermant ; les boulets étaient réunis d'une manière analogue. Par ce moyen, les transports des munitions d'un coffre dans un autre se faisaient très-promptement, chaque sac pouvant être manié aisément par deux hommes. Il pourrait aussi offrir des avantages pour une expédition d'outre-mer, mais il exigerait une instruction préalable, donnée aux canonniers pour prévenir les accidens dans l'exécution des pièces. Si on préfère des caisses mobiles contenant des cartouches faites, comme ces caisses devront pouvoir entrer dans les demi-coffres, il y aura sans doute quelque chose à changer aux nombres portés dans le tableau ci-après.

Le calibre des munitions renfermées dans chaque coffre est marqué du côté de l'ouverture ; les lettres ARR. signifient arrière-train; elles ne sont nécessaires que pour l'obusier de 6 pouces, le seul calibre dont les trois coffres du caisson ne soient pas chargés de même. Dans les mouvemens intérieurs des parcs, il faudra veiller à ce que ces étiquettes soient renouvelées ou changées à propos.

TABLEAU *indicatif du chargement de chaque coffre à munitions pour canon de 12 ou de 8.*

DÉSIGNATION.	Cartouches à boulet.	Boîtes à balles.	Sachets remplis.	Lances à feu.	Étoupilles.	Mèche (mètres).
COFFRE DE 12. Demi-coffre de gauche — case de devant.	4	»	»	»	»	»
—du milieu..	4	»	»	»	»	»
—de derrière.	4	»	»	»	»	»
Demi-coffre de droite — case de devant.	4	»	»	»	»	»
—du milieu..	1	2	2	4	36	6
—de derrière.	4	»	»	»	»	»
TOTAUX........	21	2	2	4	36	6
COFFRE DE 8. Demi-coffre de gauche — 1re case.....	4	»	»	»	»	»
2e..........	4	»	»	»	»	»
3e..........	4	»	»	»	»	»
4e..........	4	»	»	»	»	»
Demi-coffre de droite — 1re case......	»	4	4	»	40	»
2e..........	4	»	»	6	8	6
3e..........	4	»	»	»	»	»
4e..........	4	»	»	»	»	»
TOTAUX........	28	4	4	6	48	6

Coffres à munitions pour obusiers.

Les grandes séparations étant placées, on ferme les subdivisions du coffre comme il suit; savoir :

Pour les obusiers de 6 pouces.

On fixe, au fond du coffre et dans le milieu de la longueur de chacune des 1re et 2e cases du demi-coffre de gauche, ainsi que de la 3e case du demi-coffre de droite, un *double support d'obus*, tenu par 4 forts *clous d'épingle*, et 1 *vis à bois* n. 2, dont la tête est encastrée de 15 mill. Aux coffres de l'arrière-train du caisson, la 2e case du demi-coffre de droite devant contenir 2 obus au lieu d'une boîte à balles, on y met 1 *support simple d'obus*, tenu par 1 *vis* et 2 *clous d'épingle*.

On fixe ensuite, par 8 *clous d'épingle*, contre le milieu de la longueur des grandes séparations, les 6 *planchettes de séparations mobiles*, dont on a entaillé les côtés où se logeront les bouts des séparations mobiles. Pour les coffres d'arrière-train, la planchette destinée à la 2e case du demi-coffre de droite n'a qu'une entaille.

Les *séparations mobiles* sont placées perpendiculairement aux côtés des grandes séparations, et portent chacune sur un de leurs côtés un *support d'obus* (1), fixé par 2 *clous*

___

(1) Pour la précision et la prompte exécution du *godet sphérique* des supports, on se sert avantageusement d'une fraise taillée convenablement, qu'on monte sur un nez de tour; et afin que la même fraise puisse servir pour les supports d'obus de 6 pouces et de 24, on lui donnera

et *une vis à bois n.* 3 (mais plus longue de 15 à 20 mill.), posant, par son dessous, sur un obus du rang inférieur, et recevant, sur son dessus, l'obus correspondant du rang supérieur.

Une forte ficelle attache chacune des séparations mobiles sur le dessus des grandes séparations, et sa longueur est déterminée de manière à permettre d'ôter et de remettre facilement les séparations mobiles. Aux coffres d'arrière-train, il y a aussi une séparation mobile, semblable aux autres, dans la 2e case du demi-coffre de droite.

12 *Liteaux*, fixés contre les grandes séparations, contiennent les séparations mobiles entre eux et les planchettes.

La 2e case du demi-coffre de droite est partagée en trois par 2 *petites séparations de boîtes à balles*, tenues par 8 *liteaux de petites séparations de boîtes à balles* plus courts que les autres, du reste semblables à eux. (Aux coffres d'arrière-train, il n'y a qu'une de ces petites séparations.)

Dans le chargement, les obus du fond sont couchés et reposent sur les doubles supports, entre deux bandelettes, l'anse contre un des côtés du coffre; les obus des cases supérieures sont placés le sabot en dessus, et les bande-

---

75 mill. de rayon. On peut se servir aussi de moyens analogues pour l'exécution des dégorgemens des doubles supports d'obus.

lettes tournées vis-à-vis les angles de leurs cases.

Les boîtes à balles sont placées debout, le sabot en-dessus.

Les grandes et les petites charges sont placées debout sur deux de hauteur, le tampon en-dessous pour celles du fond, en-dessus pour les autres.

Pour charger un coffre, il faut ôter les séparations mobiles; mettre dans le fond une couche d'étoupes assez épaisse pour que, les obus étant placés, les bases des sabots soient parallèles aux côtés du coffre; bourrer fortement d'étoupes les vides autour des obus et des sabots contre les séparations et les planches du coffre jusqu'à 20 ou 30 mill. du dessus; placer ensuite les séparations mobiles pour le chargement des obus du rang supérieur; mettre des étoupes dans les angles de chaque case, et placer les obus qui, dans cette position, doivent poser sur les supports attachés aux séparations mobiles; enfin, bourrer fortement d'étoupes les vides autour des obus et des sabots, jusqu'à 5 ou 10 mill. du dessus des grandes séparations.

Dans les cases de boîtes à balles, on met au fond une couche d'étoupes de 10 à 15 mill. d'épaisseur; on y place les boîtes, et on bourre fortement d'étoupes les vides autour, jusqu'à 20 ou 30 mill. du dessus.

Dans les cases de charges de poudre, on met au fond une couche d'étoupes de 3 à 5

mill.; on y place 4 charges, et on bourre d'é-
toupes les vides jusqu'au dessus ; on met ensuite une couche d'étoupes de la même épaisseur que celle du fond, on place les quatre
autres charges, et on bourre d'étoupes les
vides jusqu'au-dessus de la grande séparation.
On doit avoir soin de ménager les sachets en
bourrant fortement autour des tampons et légèrement autour des sachets. Les grandes
charges sont dans le demi-coffre de droite,
toutes les quatre réunies en deux colonnes vers
le derrière du coffre.

Les lances à feu et les étoupilles se placent
avec des étoupes dans la case du milieu du
demi-coffre de droite, en-dessus des boîtes à
balles; le paquet de mèche est placé dans la
même case.

Pour les obusiers de 24.

On place, dans la case de derrière du demi-
coffre de droite, 1 *petite séparation de boîte
à balles*, perpendiculaire aux côtés du coffre,
et tenue entre 4 *liteaux de petite séparation
de boîte à balles*.

On a partagé le fond des cases de devant et
de derrière par 7 *petites séparations porte-
supports d'obus*, formant 10 cases d'obus; savoir: 6 dans le demi-coffre de gauche, 3 dans
la case de devant du demi-coffre de droite, et
1 dans celle de derrière du même demi-coffre;
les séparations du demi-coffre de gauche et

celles de la case de devant du demi-coffre de droite portent chacune deux supports d'obus, dont un numéroté 1 et l'autre 2 ; il n'y a qu'un support, n. 1, après celle de derrière du même demi-coffre ; les supports sont fixés chacun par 2 forts clous d'épingle. Le dessus de ces séparations reste carré.

28 *Liteaux de petites séparations* contiennent lesdites séparations, et en même temps 7 *séparations mobiles* placées au-dessus des premières, et attachées, à l'aide d'une forte feuille, comme aux coffres d'obusier de 6 pouces.

Ces 7 séparations mobiles portent 7 *supports d'obus n.* 1, *et* 6 *n.* 2, pareils aux premiers, et numérotés comme eux, mais fixés par 2 clous chacun et 1 vis à bois pour deux supports, plus longue de 40 à 50 mill. que celle n. 3 dont elle a le diamètre, et à tête encastrée de 2 à 4 mill. La vis du support de la séparation mobile de la case de derrière du demi-coffre de droite n'a que 45 à 50 mill. de longueur, et sa tête est encastrée de 1 à 2 mill. dans la séparation.

Dans le chargement, les obus sont portés par les supports, et placés sous le sabot en-dessus, les bandelettes vis-à-vis les angles de leur case ; les boîtes à balles debout, le sabot en-dessus.

Les charges sont placées, les unes couchées, les autres debout.

Pour charger un coffre, il faut ôter les séparations mobiles et les séparations porte-supports; mettre dans les angles des cases d'obus une couche d'étoupes, en laissant un vide circulaire au milieu pour le logement de la fusée; placer les obus du fond, et bourrer fortement d'étoupes les vides autour, jusqu'à 20 ou 30 mill. du dessus du sabot, placer ensuite les séparations mobiles et faire le chargement des obus du rang supérieur, comme celui des coffres de l'obusier de 6 pouces.

Le chargement des boîtes à balles se fait aussi comme pour l'obusier de 6 pouces.

Pour les sachets, on met, au fond des cases du milieu, une couche d'étoupes de 3 à 5 mill.; on place trois petites charges dans chacune, couchées, le bout des sachets vers les bouts du coffre et la principale séparation; on bourre d'étoupes les côtés et les bouts jusqu'au dessus; on met ensuite une couche d'étoupes de la même épaisseur que celle du fond, et on place 6 autres petites charges couchées et étoupées de la même manière; on met une troisième couche d'étoupes de même épaisseur que les deux autres, et on place 10 charges debout, dont 5 grandes dans la case du demi-coffre de droite, puis on bourre d'étoupes les vides jusqu'à environ 10 mill. du dessus des tampons.

Dans les cases des boîtes à balles, en-dessus des sabots, on met une couche d'étoupes de 8 à 12 mill.; on couche dessus, et contre la grande séparation, deux charges, une petite à gauche, une grande à droite, les tampons bout à bout ; on place en arrière le paquet d'étoupilles et en-dessus le paquet de mèche, puis on bourre d'étoupes les vides jusqu'à environ 10 mill. du dessus de la grande séparation.

Les lances à feu se placent dans la case du milieu du demi-coffre de gauche ; elles sont par paquet de deux, enveloppé dans plusieurs épaisseurs de papier et solidement ficelé.

TABLEAU *indicatif du chargement de chaque coffre à munitions pour obusiers de 6 pouces ou de 24.*

			Obus.	Boîtes à balles.	CHARGES de POUDRE.		Lances à feu.	Étoupilles.	Mèche (mètres).
					grandes.	petites.			
COFFRE d'avant-train.	Demi-coffre de gauche.....	1re case..	4	»	»	»	»	»	»
		2^e	4	»	»	»	»	»	»
		3^e	»	»	»	8	»	»	»
	Demi-coffre de droite......	1re case..	»	»	4	4	«	»	»
		2^e	»	2	»	»	4	24	6
		3^e	4	»	»	»	»	»	»
		TOTAUX..	12	2	4	12	4	24	6
COFFRE d'arrière-train.	Demi-coffre de droite.....	2e case..	2	I	»	»	4	24	6
		Le reste comme à l'avant-train.							
		TOTAUX..	14	I	4	12	4	24	6

Note relative aux sabots et tampons.

Les sabots à boulet sont de bois d'aune, de tremble ou de tilleul.

Les sabots d'obus sont de bois d'orme, et, à défaut, de noyer ; ceux des boîtes à balles d'obusier sont en aune, tremble, tilleul ou peuplier.

Ces bois ne peuvent être employés tout-à-fait verts, et, quel que soit leur degré de siccité, on ne doit pas augmenter le diamètre des sabots.

Les sabots d'obus sont percés de deux trous fraisés intérieurement pour recevoir une anse d'un cordage de 4 à 5 mill. de diamètre, ayant de 130 à 140 mill. de longueur entre les nœuds des bouts. Cette anse est la même pour les deux calibres.

Les sabots de boîtes à balles d'obusier ont une anse faite d'un cordage pareil à l'autre, mais d'une longueur double environ. (Le couvercle des boîtes à balles pour canon doit être garni d'une anse en fil de fer.)

Les tampons des grandes et petites charges sont de bois d'aune, de tremble ou de peuplier ; ces bois doivent être le plus sec possible.

Chargement des coffres en cartouches d'infanterie.

Le coffre d'avant-train de chaque caisson de cartouches d'infanterie est garni *d'une séparation* qui forme une case pour la caisse des pierres à fusil; les coffres de l'arrière-train n'ont aucune garniture.

Cette séparation, en peuplier ou sapin, de 16 mill. d'épaisseur et 360 de largeur, a ses arêtes du dessus arrondies par un rayon égal à la moitié de l'épaisseur; elle est placée, perpendiculairement aux côtés du coffre, à 200 mill. du bout de droite, et est retenue par 6 *liteaux* en orme, noyer ou peuplier, ayant 350 mill. de longueur, sur 14 de largeur et 10 d'épaisseur, leur arête extérieure arrondie par un rayon de 4 mill. Ces liteaux sont fixés sur les côtés du coffre chacun par 4 clous d'épingle; les deux liteaux, placés du côté de la case des cartouches, sont logés de 8 mill. dans des feuillures pratiquées aux extrémités de la séparation, afin qu'ils ne puissent pas endommager les cartouches.

Par ce retranchement, le demi-coffre de droite de l'avant-train ne contient que 2160 cartouches en 144 paquets (plus les pierres à fusil), et le demi-coffre de gauche, ainsi que chacun des demi-coffres de l'arrière-train, en contiennent chacun 4140 en 276 paquets.

Les paquets sont de 15 cartouches; ils sont

rangés debout sur 4 de hauteur; chaque rang doit être pressé convenablement, afin que le dessus du quatrième ne dépasse pas la feuillure où se loge le dessous du couvercle.

La caisse des pierres à fusil est placée dans sa case, sur une couche d'étoupes de 40 à 60 mill. d'épaisseur.

Cette caisse a extérieurement 410 mill. sur 180 de largeur, et 300 de hauteur; ses côtés et ses bouts, de 15 mill., sont assemblés à larges queues d'aronde collées; le fond est fixé par de forts clous d'épingle, et le couvercle est fermé par 4 clous à planche.

La caisse est garnie, sur les bouts, d'*anses de cordage* de 10 mill., dont le pli surmonte la caisse de 900 mill.

Pour charger la caisse, on place dans le fond une couche de sciure de bois de 4 à 8 mill., ensuite une couche de pierres, puis une nouvelle couche de sciure, en tassant le plus possible, et on continue ainsi par couches alternatives de sciure et de pierres, en réglant l'épaisseur des couches, de manière à ce que les 1500 pierres remplissent entièrement la caisse.

TABLEAU *récapitulatif et sommaire de la garniture et du chargement des coffres à munitions.*

COFFRES POUR	Canon de 12.	Obusier de 6 pouc.		Canon de 8.	Obusier de 24.	Infanterie.	
		d'avant-train.	d'arrière-train.			avant-train.	arrière-train.
Principale séparation........	1	1	1	1	1	1	1
Séparations..............	4	»	»	6	»	1	»
Grandes séparations........	»	4	4	»	4	»	»
Planchettes de séparations mobiles........	»	6	6	»	»	»	»
Liteaux de séparations.......	16	»	»	24	»	4	»
—de grandes séparations....	»	16	16	»	16	»	»
—de séparations mobiles....	»	12	16	»	»	»	»
—de petites séparations porte-obus............	»	»	»	»	28	»	»
—de petites séparations de boîtes à balles..........	»	8	4	»	4	»	»
Doubles supports d'obus (pour le fond)............	»	3	3	»	»	»	»
Support simple (pour *idem*)..	»	»	1	»	»	»	»
Petites séparations porte-supports d'obus	»	»	»	»	7	»	»
Séparations mobiles (*portent aussi des supports d'obus*)...	»	6	7	«	7	»	»
Supports d'obus (fixés auxdites séparations..........	»	6	7	»	26	»	»
Clous d'épingle, (*y compris ceux qui attachent les ficelles des séparations mobiles aux coffres d'obusiers*)..........	64	196	198	80	202	16	»
Idem plus forts...........	»	24	26	»	52	»	»
Vis à bois n. 2............	»	3	4	»	»	»	»
—n. 3, mais plus longues...	»	6	7	»	7	»	»
Ficelle, (mètres)..........	»	1,3	1,6	»	1,6	»	»
Caisse de pierres à fusil.....	»	»	»	»	»	1	»
Étoupes, (kil.).....	13,5	13,5	13,5	13,5	13,5	0,5	»
Cartouches à boulet........	21	»	»	28	»	»	»
Obus.................	»	12	14	»	20	»	»
Boîtes à balles.............	2	2	1	4	2	»	»
Sachets.. { grandes charges..	2	4	4	4	6	»	»
Sachets.. { petites charges...	»	12	12	»	18	»	»

COFFRES POUR	Canon de 12.	Obusier de 6 pouc.		Canon de 8.	Obusier de 24.	INFANTE-RIE.	
		d'avant-train.	d'arrière-train.			avant-train.	arrière-train.
Lances à feu.............	4	4	4	6	4	»	
Etoupilles................	36	24	24	48	36	»	
Mèche (mètres)...........	6	6	6	6	6	»	0
Pierres à fusil	»	»	»	»	»	1500	
Nombre de coups par coffre..	23	14	15	32	22	6300	828
Idem par caisson...........	69	44		96	66	22860 (en 1524	
Nombre total de coups par pièce ayant deux caissons..	161	102		224	154	paquets.)	
dont (en boîtes à balles)...	(14)	(10)		(28)	(14)		

MOUVEMENS DE L'ARTILLERIE COMBINÉS AVEC CEUX DES AUTRES ARMES.

L'école de batterie et les évolutions de batteries renfermant les principes et l'explication de tous les mouvemens que peuvent exécuter dans tel cas que ce soit une ou plusieurs batteries, il nous reste à faire l'application de ces principes à l'artillerie manœuvrant avec une ligne d'infanterie.

On supposera dans cette instruction une ligne de huit bataillons et deux batteries, placées l'une à droite et l'autre à gauche de l'infanterie : les règles données dans cette supposition seront facilement applicables à un nombre plus grand de batteries ou à toute autre position dans la ligne.

Les mouvemens de l'artillerie devant être entièrement subordonnés à ceux de l'infanterie, on supposera que la ligne manœuvre comme si elle n'avait pas d'artillerie avec elle, et on fera en sorte que les mouvemens des batteries ne puissent ni gêner ni retarder ceux des bataillons.

Les évolutions de ligne, dans le réglement de 1791, étant divisées en cinq parties, on suivra ici la même division.

Les évolutions de la cavalerie ne différant de celles de l'infanterie que par quelques commandemens préparatoires et par les détails d'exécution propres à l'arme, les exemples qui seront donnés sur une ligne d'infanterie s'appliqueront immédiatement aux évolutions exécutées par l'artillerie à cheval avec une ligne de cavalerie.

Place de l'artillerie en bataille et en colonne.

L'infanterie se formant en bataille, l'artillerie se mettra toujours en batterie, à moins que le commandant en chef ne fasse prévenir les commandans de batterie que, la position de la ligne n'étant que provisoire, ils doivent se former en bataille; dans l'un et l'autre cas, la gauche ou la droite des batteries sera à trente pas du bataillon voisin; en bataille les chefs de pièce seront alignés sur le premier rang de l'infanterie , en batterie les chevaux de devant des pièces seront à hauteur de ce même rang ; par suite, dans les formations en bataille les jalonneurs se placeront à dix pas en arrière du troisième rang ; dans les formations en batterie ils s'établiront à dix pas en avant du premier.

Lorsque l'infanterie sera en colonne , que ce soit par peloton ou par division à distance ou en colonne serrée, l'artillerie sera toujours en colonne par section , du côte opposé aux guides de la colonne d'infanterie , à soixante pas de son flanc, chaque batterie marchant à trente pas en avant ou trente pas en arrière du bataillon qui la suit ou qui la précède ; cette distance sera de cinquante pas dans le cas seulement où l'infanterie sera en colonne par division à distance entière.

Règles pour les commandemens.

Les capitaines d'artillerie ne répéteront pas les commandemens généraux du commandant en chef ; aussitôt qu'ils entendront ces commandemens, ou, à leur défaut, ceux d'un des chefs de bataillon, ils commanderont et feront immédiatement exécuter quand il y aura lieu, les mouvemens préparatoires qui , dans les batteries, devront précéder l'exécution du commandement général.

9

ARTICLE Ier.

MANIÈRE DE PRENDRE PART AUX FEUX DE LA LIGNE.

Le commandant en chef ayant commandé :

Commencez le feu,

Les capitaines répéteront ce commandement.

Le commandant en chef ayant commandé :

Feu en arrière ,

Les capitaines commanderont *Feu en arrière, pièces doublez vos caissons , au trot.* — MARCHE ;
Les premiers chevaux des pièces ayant dépassé de dix pas environ ceux des caissons, les capitaines commanderont *Par pièce et par caisson demi-tour à gauche*—MARCHE, et ensuite, COMMENCEZ LE FEU , lorsque les chevaux de devant seront à hauteur du troisième rang.

Le commandant en chef commandant :

Face en tête ,

Les capitaines commanderont *Feu en avant , pièces doublez les caissons au trot* — MARCHE ; ils feront ensuite exécuter le *demi-tour par pièce et par caisson ,* comme dans le mouvement précédent, et feront *commencer le feu* ou *reposer* suivant ce que commandera le commandant en chef.

Observation. Si au lieu d'être en batterie , on était en bataille :

Pour exécuter le *feu en avant ,* au commandement

feu de bataillon, *de peloton* ou *de deux rangs*, les commandans des batteries commanderaient *Batterie en avant guide à gauche* ou *à droite*, suivant qu'ils seraient placés à droite ou à gauche de la ligne (*a*), et après avoir marché soixante pas, feraient mettre en batterie et commencer le feu ;

Pour exécuter le *Feu en arrière*, ils commanderaient : *Feu en arrière, caissons doublez vos pièces.*—MARCHE.

ARTICLE II.

DIFFÉRENTES MANIÈRES DE PASSER DE L'ORDRE EN BATAILLE A L'ORDRE EN COLONNE.

Rompre à droite ou à gauche.

Le commandant en chef ayant commandé :

Par peloton à droite ou à gauche.

Les capitaines des batteries commanderont *Batterie en retraite.*—MARCHE ;

Les batteries se trouvant à soixante pas en arrière de la ligne, les capitaines commanderont *par pièce et par caisson demi-tour à gauche*—MARCHE, et, après l'exécution de ce mouvement, *Par section à droite* ou *à gauche en colonne* — MARCHE ; les batteries reprendront ensuite, par la marche oblique, leur distance au flanc de la colonne, et, en allongeant l'allure, leur distance au

---

(*a*) Les commandans des batteries donneront toujours le guide du côté de l'infanterie.

premier et au huitième bataillon qu'elles auront perdue pendant l'exécution des mouvemens préparatoires.

Observation. Si l'on était en bataille, on se mettrait immédiatement *par section à droite ou à gauche en colonne*, et, aussitôt qu'on serait en marche, les batteries gagneraient du terrain en obliquant pour se porter à leur distance sur le flanc de la colonne.

Rompre par la droite pour marcher vers la gauche.

Le commandant en chef ayant commandé :

Rompre par la droite pour marcher vers la gauche,

Le capitaine de la première batterie commandera *Batterie en avant — par pièce et par caisson demi-tour à gauche —* MARCHE ; la batterie ayant marché quarante pas sera arrêtée par le capitaine qui commandera immédiatement après *Sections rompez par la droite pour marcher vers la gauche —* MARCHE, et fera allonger l'allure pour prendre sa place à la tête de la colonne.

Le bataillon de gauche ayant commencé son mouvement, le capitaine de la deuxième batterie commandera *Batterie en retraite —* MARCHE, et, la batterie ayant marché vingt pas, *Par pièce et par caisson demi-tour à gauche —* MARCHE, puis *Batterie* HALTE ; aussitôt que la première section sera démasquée, le capitaine fera *rompre par la droite pour marcher vers la gauche*, et prendra sa distance au flanc de la colonne.

Observation. Si les batteries étaient en bataille, la première se porterait environ cent pas en avant, la deuxième marcherait quarante pas lorsque le bataillon de gauche aurait commencé son mouvement, et toutes deux rompraient de la même manière et aux époques indiquées dans la manœuvre précédente.

Ployer la ligne en colonne serrée.

Le commandant en chef ayant donné des ordres pour ployer la ligne en colonne serrée par division; par exemple, sur la deuxième division du quatrième bataillon:

Aussitôt que le capitaine de la première batterie entendra, d'un des chefs de bataillon de droite, le commandement *sur le quatrième bataillon en avant en colonne,* il commandera *Par la première section en avant en colonne.*

Le capitaine de la deuxième batterie, ayant entendu d'un des chefs de bataillon de gauche le commandement *sur le quatrième bataillon en arrière en colonne,* commandera *Par la troisième section en retraite en colonne;*

Tous deux répètent ensuite le commandement MARCHE du commandant en chef.

La première batterie étant formée *en avant en colonne,* le capitaine commandera *Par pièce et par caisson à gauche* — MARCHE, et *En* — AVANT, *guide à gauche;* la batterie marchant ainsi par le flanc, le capitaine la dirigera de manière à la faire arriver à soixante pas du flanc de la colonne, les caissons de la troisième section à hauteur du bataillon de droite, et il commandera alors *Par pièce et par caisson à droite* — MARCHE, et ensuite *Colonne* — HALTE.

Lorsque la deuxième batterie sera formée en colonne, le capitaine commandera *Par pièce et par caisson à gauche* — MARCHE, puis *En* — AVANT, *guide à gauche,* et la dirigera par le chemin le plus court de manière à la faire arriver carrément à soixante pas à droite de la colonne, il commandera alors *Par pièce et par caisson à gauche* — MARCHE, et ensuite *Colonne* — HALTE.

ARTICLE III.

MARCHE EN COLONNE.

Toutes les fois que le terrain ne permettra pas de faire marcher les batteries à la distance prescrite, on les rapprochera au moyen d'*une marche oblique par pièce et par caisson* ; si l'on y est forcé, on les fera même entrer dans la colonne, mais on reprendra la distance de soixante pas aussitôt que le terrain le permettra.

Changement de direction en colonne avec distance.

1° Changement de direction à droite.

Le capitaine de la première batterie, ayant été prévenu d'avance que la colonne doit exécuter un changement de direction à droite, commandera, lorsque la troisième section sera près d'arriver à hauteur de l'officier d'état-major qui marque le point de conversion de l'infanterie, *Par pièce et par caisson à droite* — MARCHE, et ensuite *En* — AVANT, GUIDE A DROITE ; ayant marché vingt pas dans cette direction, il commandera *Tournez* — (*à*) DROITE ; la batterie, marchant par le flanc, exécute sa conversion, le capitaine commande ensuite *Par pièce et par caisson à gauche* — MARCHE, et *En* — AVANT, GUIDE A GAUCHE.

La batterie de gauche fait *tête de colonne à droite* à

quatre-vingt-dix pas en arrière du point de conversion de la colonne d'infanterie.

2° Changement de direction à gauche.

Le capitaine de la première batterie, faisant allonger l'allure, continue à marcher dans la même direction jusqu'à ce que la gauche de sa batterie ait dépassé de quatre-vingt-dix pas environ le point de conversion ; il commande alors *Par pièce et par caisson à gauche* — MARCHE, ensuite *Tournez*—(à) GAUCHE, *En*—AVANT, et ensuite *Par pièce et par caisson à droite* — MARCHE, *en*—AVANT, GUIDE A GAUCHE.

La deuxième batterie fait *tête de colonne à gauche* après avoir dépassé de soixante pas le point de conversion de la colonne d'infanterie.

Changement de direction par la prompte manœuvre.

Le commandant en chef ayant commandé :

Prompte manœuvre par le flanc droit,

Le capitaine de la batterie de gauche commandera *Par pièce et par caisson à droite* ; il répétera le commandement MARCHE, et commandera ensuite *Tournez* — (à) GAUCHE, *en* — AVANT ; de manière à diriger la batterie à trente pas en arrière du point où va se placer le dernier peloton du huitième bataillon ; près d'arriver à ce point, il commandera *Tournez*—(à) DROITE, pour établir le front de la batterie parallèlement au flanc de la colonne, et ensuite *En* — AVANT ; après avoir dépassé de soixante pas le flanc droit, il commandera *Par pièce et par caisson à gauche*—MARCHE, et *En*—AVANT, GUIDE A GAUCHE.

Changement de direction en colonne serrée.

1° Le commandant en chef ayant commandé :

Changement de direction par le flanc droit,

Le capitaine de la batterie de droite commandera *Colonne en avant, guide à gauche* — MARCHE, et, après avoir marché environ soixante pas, *Par pièce et par caisson à gauche* — MARCHE; ce mouvement exécuté, il commandera *Tournez (à)* GAUCHE, et *En* — AVANT, quand le front de la batterie sera une ligne parallèle au flanc de la colonne; ensuite *Par pièce et par caisson à droite* — MARCHE, et enfin *Colonne* — HALTE, *à gauche* — ALIGNEMENT lorsque la gauche de la batterie sera arrivée à quarante pas au-delà de la tête du premier bataillon.

Le capitaine de la batterie de gauche commandera *Par pièce et par caisson à droite* — MARCHE, *En* = AVANT, GUIDE A GAUCHE, puis *Tournez* = (à) GAUCHE pour se porter, par le chemin le plus court, à quatre-vingt-dix pas en arrière de la colonne; lorsque les premiers chevaux de la deuxième pièce arrivent dans cette position, il commande de nouveau *Tournez* = (à) GAUCHE pour se placer parallèlement à la nouvelle direction, et enfin *Par pièce et par caisson à gauche* — MARCHE et HALTE, *à gauche* = ALIGNEMENT lorsque la batterie sera arrivée à quarante pas au-delà du flanc droit.

2° Le commandant en chef ayant commandé :

Changement de direction par le flanc gauche,

Le capitaine de la batterie de droite commandè *Colonne en retraite, par pièce et par caisson demi-tour à gauche* = MARCHE, puis *En* = AVANT, GUIDE A DROITE ; quand les caissons de la troisième section auront dépassé de soixante pas le flanc de la colonne, il commandera *Tête de colonne à droite ;* aussitôt que la batterie sera entièrement prolongée dans cette direction, le capitaine fera exécuter un *demi-tour par pièce et par caisson*, et portera la colonne en avant jusqu'à ce qu'elle ait pris sa distance à la tête du premier bataillon;

Le capitaine de la deuxième batterie commande *Par*

pièce et par caisson à gauche=MARCHE, puis *En=*AVANT,
GUIDE A DROITE, pour porter sa batterie, par le chemin le plus court, à cinquante pas en arrière du huitième bataillon et à quatre-vingt-dix pas environ du flanc
de la colonne, il commande alors *Tournez=(à)* DROITE
pour se placer parallèlement à ce flanc, et enfin *Par
pièce et par caisson à droite=*MARCHE, *Colonne=*HALTE,
*à gauche—*ALIGNEMENT.

Contre-marche.

Le commandant en chef ayant commandé :
Contre-marche,

Les capitaines de batteries commanderont *Contre-
marche—par pièce et par caisson à droite;* ils répètent le
commandement MARCHE, et font exécuter un mouvement de contre-marche tout-à-fait analogue à celui d'une
ligne d'infanterie (1).
Si la colonne avait la gauche en tête, la contre-marche
s'exécuterait par la gauche.

ARTICLE IV.

DIFFÉRENTES MANIÈRES DE PASSER DE L'ORDRE EN COLONNE A L'ORDRE EN BATAILLE.

A gauche en bataille.

Le commandant en chef ayant commandé :

A gauche en bataille,

____

(1) L'inversion étant sans inconvénient dans l'artillerie,
ou peut éviter ce mouvement.

Les capitaines des batteries commanderont *A gauche en batterie ;* ils répéteront le commandement MARCHE, et feront exécuter ce qui est prescrit dans l'école de batterie, les pièces ne faisant leur demi-tour qu'après avoir dépassé de trente pas la ligne de bataille.

Observation. Si les batteries devaient se former en bataille, les capitaines feraient seulement exécuter ce qui est prescrit pour la formation en bataille dans l'école de batterie.

Inversion.

Le commandant en chef ayant commandé :

Par inversion à droite en bataille ,

Les capitaines des batteries commanderont *à droite en batterie ;* ils répéteront le commandement MARCHE , et feront exécuter ce qui est prescrit dans l'école de batterie.

Sur la droite en bataille.

Le commandant en chef ayant commandé :

Sur la droite en bataille ,

Le capitaine de la première batterie commandera *Par pièce et par caisson à droite*＝MARCHE ; lorsque la batterie, marchant par le flanc, aura gagné vingt pas, il commandera de nouveau *Par pièce et par caisson à droite*—MARCHE , et ensuite *En*—AVANT, GUIDE A DROITE ; la batterie, se trouvant ainsi formée en retraite en colonne, marche jusqu'à ce que le dernier des caissons de la troisième section arrive à hauteur de la droite du premier bataillon, le capitaine commande alors *Sur la droite en retraite, en bataille*—MARCHE. Dès que la colonne d'infanterie aura démasqué le terrain en arrière de la batterie, le capitaine la fera marcher *en retraite,* et commandera *En batterie, pièces*—HALTE, lorsque les chevaux de devant des pièces seront arrivés à hauteur du premier rang.

Le capitaine de la deuxième batterie, commandant *Par pièce et par caisson oblique à gauche*—MARCHE , se portera en arrière de la colonne d'infanterie ; il en suivra le mouvement, et, arrivé à hauteur de son emplacement, il commandera *Sur la droite en bataille*—MARCHE.

Observation. Si les batteries devaient se mettre en bataille, la première, après s'être formée *sur la droite en retraite en bataille*, comme ci-dessus, marcherait en retraite jusqu'à ce que la bouche des pièces fût arrivée à trente pas en arrière de la ligne, et exécuterait un *demi-tour par pièce et par caisson ;*

La deuxième batterie suivrait, de la même manière, le mouvement de la colonne pour aller se former *sur la droite en bataille.*

En avant en bataille.

Le commandant en chef ayant commandé :

En avant en bataille ,

Le capitaine de la première batterie commandera *Colonne en retraite—par pièce et par caisson demi-tour à gauche* — MARCHE, puis *En* — AVANT GUIDE A DROITE ; lorsque la tête de la colonne arrivera sur la ligne de bataille, le capitaine commandera *En retraite en batterie* —MARCHE.

Au commandement MARCHE du commandant en chef, le capitaine de la deuxième batterie commande *Tête de colonne demi-à-gauche,* et se dirige diagonalement à hauteur de la place que sa première section doit occuper et à environ deux cents pas en arrière de la ligne de bataille ; lorsqu'il y est parvenu, il commande *Tête de colonne demi-à-droite,* et enfin, lorsque la première section arrive sur la ligne, *En avant en batterie —* MARCHE.

Observation. Si les batteries devaient se mettre en bataille, le capitaine de la première la formerait *en retraite en colonne,* comme dans le cas précédent; il la mettrait ensuite *en retraite en bataille*, et enfin ferait exécuter un *demi-tour par pièce et par caisson*, après avoir marché en retraite jusqu'à la distance convenable;

La deuxième batterie se porterait, comme il est dit au n° précédent, à la gauche de la ligne, et s'y formerait *en avant en bataille.*

Face en arrière en bataille.

Le commandant en chef ayant commandé :

Face en arrière en bataille ,

Le capitaine de la première batterie commandera *Tête de colonne à gauche*, et, lorsque la colonne sera prolongée dans la nouvelle direction , *Par pièce et par caisson à gauche*—MARCHE; la batterie ayant marché par le flanc jusqu'à la ligne de bataille, le capitaine commandera *Par pièce et par caisson à droite* — MARCHE, et, quand la troisième section arrivera à la place qu'elle doit occuper, *A gauche en bataille*—MARCHE;

Au commandement MARCHE du commandant en chef, le capitaine de la seconde batterie commandera : *Tête de colonne demi-à-droite*, et se dirigera diagonalement à hauteur de la place que doit occuper la première section et à environ trois cents pas de la ligne; lorsqu'il y sera parvenu, il commandera : *Tête de colonne demi-à-gauche*, et enfin *Face en arrière en batterie*—MARCHE, lorsque la colonne sera prolongée perpendiculairement à la ligne de bataille.

Observation. Les batteries se formeraient en bataille par des moyens semblables, la première se prolongeant, à cet effet, à trente pas en arrière de la ligne, au lieu de se prolonger sur la ligne même comme dans le cas précédent.

Observation générale. Dans les formations qui s'exécutent par la réunion de deux mouvemens , chaque batterie se déploie relativement à la portion de la ligne dont elle est voisine, en se conformant à ce qui est prescrit dans les exemples qui font l'objet des n⁰ˢ 306 et suivans.

Colonnes en masse.

Le commandant en chef ayant commandé :

Par bataillon en masse, sur le quatrième bataillon, par exemple, *déployez la colonne*,

Le capitaine de la batterie de droite commande *Par pièce et par caisson à droite;* le capitaine de la batterie de gauche, *Par pièce et par caisson à gauche;*

Tous deux répètent le commandement MARCHE;

La première batterie marche par le flanc en obliquant un peu vers la ligne de bataille ; lorsqu'elle a dépassé de trente pas le point où doit appuyer la droite du premier bataillon, le capitaine commande *Par pièce et par caisson à gauche*—MARCHE, et ensuite *Colonne*—HALTE, à gauche ALIGNEMENT;

La deuxième batterie marche également par le flanc, en se réglant sur le bataillon qui la précède ; lorsqu'elle est arrivée à trente pas au-delà de ce bataillon, le capitaine commande *Par pièce et par caisson à droite* — MARCHE, et arrête la colonne à trente pas en arrière de la dernière division.

Le commandant en chef commande ensuite :

Sur la deuxième division, par exemple, *du quatrième bataillon, déployez les masses.*

Le capitaine de la batterie de droite commande *Par pièce et par caisson à droite*, celui de la batterie de gauche, *Par pièce et par caisson à gauche;*

Tous deux répètent le commandement MARCHÉ;

La première batterie marche par le flanc dans une direction parallèle à celle que suit le premier bataillon ; lorsqu'elle a dépassé de trente pas le point où doit appuyer la droite de ce bataillon, le capitaine commande de nouveau *Par pièce et par caisson à droite*—MARCHE, et immédiatement après l'exécution de ce commandement, *En retraite en batterie*—MARCHE ;

La deuxième batterie marche par le flanc jusqu'à ce qu'elle ait dépassé de trente pas le jalonneur de gauche du huitième bataillon ; le capitaine commande alors *Par pièce et par caisson à droite*—MARCHE, et enfin *En avant en batterie*—MARCHE, lorsque la bouche des pièces arrive sur la ligne.

ARTICLE V.

MARCHE EN BATAILLE.

Le commandant en chef ayant commandé :

Bataillons en avant,

Les capitaines des batteries commanderont *Batterie en avant—par pièce et par caisson demi-tour à gauche*, ils répéteront le commandement MARCHE, et commanderont ensuite *En*—AVANT, GUIDE A GAUCHE OU A DROITE, suivant leur position relativement à l'infanterie.

La ligne se mettant en mouvement, les chefs de pièce marcheront à hauteur du troisième rang.

Observation. Si l'artillerie était en bataille, les capitaines commanderaient *Batterie en avant, guide à droite ou à gauche.*

Changement de direction.

Le commandant en chef ayant commandé :

Changement de direction à droite, par exemple :

Le capitaine de la première batterie commandera : *Batterie*—HALTE, il établira ses jalonneurs sur la direction de la nouvelle ligne, et commandera *Changement de front sur la troisième section pour faire face à droite* —MARCHE (*a*).

Au commandement MARCHE du commandant en chef, le capitaine de la deuxième batterie commandera *Demi*— (*à*) DROITE et *en* — AVANT; lorsque la droite de la batterie se trouvera à trente pas en dehors de l'aile gauche du huitième bataillon, il commandera de nouveau *Demi*—(*à*) DROITE, *en*—AVANT, pour se placer parallèlement à la nouvelle direction, ensuite *Batterie*—HALTE et *à droite* ALIGNEMENT en arrivant sur la ligne.

On changerait de direction à gauche d'une manière analogue, en faisant exécuter un changement de front à la deuxième batterie et faisant faire deux demi-conversions à la première.

Feu en avançant.

Le commandant en chef ayant commandé :

Feu de bataillon en avançant,
Bataillons impairs commencez le feu,

Les capitaines commanderont *Feu de demi-batterie en avançant, demi-batterie de droite,* COMMENCEZ LE MOUVEMENT; les commandans des demi-batteries désignées commanderont *Demi-batterie de droite en avant, au trot* —MARCHE; les pièces se mettent au trot; les caissons, continuant à marcher de la même allure, prennent leur distance de batterie.

(*a*) La direction de la ligne se trouvant nécessairement en arrière du front de la batterie, les pièces de la troisième section devront, pour s'y établir, exécuter un *demi-tour* comme celles des autres sections.

Les chefs de bataillons impairs ayant commandé *Halte*, les commandans des demi-batteries de droite commanderont *En batterie*, *par pièce demi-tour à gauche —* MARCHE.

Les demi-batteries de gauche continueront de marcher à hauteur des bataillons pairs, et, lorsque ceux-ci prendront le pas accéléré, les pièces se mettront au trot au commandement du chef de la demi-batterie, et exécuteront, ainsi que les caissons, ce qui vient d'être dit pour les demi-batteries de droite. Ces dernières se mettront en marche, au commandement de leurs chefs, en même temps que les bataillons impairs, et le feu continuera ainsi jusqu'au roulement; à ce signal, les commandans des demi-batteries qui font feu commanderont *demi-batterie en avant—par pièce demi-tour à gauche—* MARCHE, et les demi-batteries se raccorderont sur le bataillon de direction, en se conformant au mouvement des bataillons auxquels elles sont attachées.

Marche en retraite.

Le commandant en chef ayant commandé :

Bataillon demi-tour à droite.

Les capitaines des batteries commanderont *Batterie en retraite*, ils répéteront le commandement MARCHE ;

La ligne se mettant en mouvement, les chefs de pièce marcheront à hauteur du premier rang.

Observation. Si les batteries étaient en bataille, les capitaines ajouteraient au commandement *Batterie en retraite*, celui *par pièce et par caisson demi - tour à gauche.*

Feu en retraite.

Le commandant en chef ayant commandé :

Feu de bataillon en retraite,
Bataillons impairs commencez le feu,

Les capitaines commanderont *Feu en retraite par demi-batterie, demi-batterie de droite*—COMMENCEZ LE FEU, les commandans des demi-batteries désignées les feront arrêter et commencer le feu ;

Les demi-batteries de gauche continueront à marcher à hauteur des bataillons pairs, s'arrêteront en même temps qu'eux et commenceront le feu ;

Lorsque les bataillons impairs feront leur demi-tour pour marcher en retraite, les commandans des demi-batteries de droite feront cesser le feu et commanderont *En retraite*—MARCHE, exécuteront ce qui vient d'être indiqué pour les demi-batteries de gauche, et ainsi de suite jusqu'au roulement.

Passage de défilé.

Voulant simuler un passage de défilé *en avant*, le commandant en chef fait ordinairement disposer une partie de son artillerie, la batterie de gauche, par exemple, pour en battre le débouché ; lorsque le défilé a été convenablement éclairé, la batterie de droite le passe en avant par la première section pour aller se mettre en batterie dans telle position qui lui est indiquée à la sortie du défilé.

Toute la ligne se trouvant en marche, la batterie de gauche se met elle-même en mouvement en se rompant *par la première section en avant en colonne.*

Passant le défilé *en arrière*, le commandant en chef emploie son artillerie, ou seulement une batterie, à protéger le passage de sa ligne ; il donne des ordres pour le moment où chaque batterie doit se retirer, et chacune marche ,

10.

par la troisième section en retraite, à la place qui lui est assignée dans la colonne.

Si le commandant en chef n'a pris aucune disposition analogue à celles qui viennent d'être indiquées, on se conformera à ce qui suit :

1º Pour passer le défilé en avant,

La batterie de droite se rompant *par pièce à gauche en colonne*, et la batterie de gauche *par pièce à droite en colonne*; toutes deux se réuniront en colonne double derrière l'infanterie, comme, dans les évolutions de batteries, les deuxième et quatrième batteries se sont réunies derrière la troisième.

2º Pour passer le défilé en arrière,

Le commandant en chef ayant commandé :

En arrière par les deux ailes passez le défilé,

Le capitaine de la batterie de droite commandera *Pièces rompez en retraite par la gauche pour marcher vers la droite* — MARCHE, le capitaine de la batterie de gauche *Pièces rompez en retraite par la droite pour marcher vers la gauche* — MARCHE; les deux batteries se réunissent en colonne double en avant de la colonne d'infanterie.

Changement de front.

Le commandant en chef commandant, par exemple :

Changement de front sur le cinquième bataillon, l'aile gauche en avant.

Le capitaine de la batterie de droite commandera *Par la troisième section en retraite en colonne*, celui de la batterie de gauche *Par la première section en avant en colonne* (a).

Tous deux répètent le commandement MARCHE.

Chaque capitaine dirige sa batterie vers l'aile de la ligne où elle doit être placée, de manière à la faire arriver perpendiculairement à la nouvelle direction au point où doit appuyer la section qui forme tête de colonne ;

La première batterie étant arrivée à trente pas de la ligne, le capitaine commandera *En retraite en batterie* —MARCHE ; le capitaine de la batterie de gauche commandera *En avant en batterie*—MARCHE, lorsque la tête de sa colonne aura dépassé de trente pas la ligne de bataille.

Observation. Si l'artillerie devait se former en bataille dans la nouvelle position, les batteries s'y étant portées comme il vient d'être expliqué, le capitaine de la première la formerait *en retraite en bataille* et ferait exécuter un *demi-tour par pièce et par caisson ;* le capitaine de la deuxième la formerait *en avant en bataille.*

Si le changement de front s'exécutait sur une des ailes de la ligne, la batterie placée à cette aile ferait un changement de front analogue.

Ordre en échelons.

En avant ou en retraite, chaque batterie suivra le mouvement de l'échelon qui est immédiatement à côté d'elle : l'artillerie se mettra en batterie toutes les fois que l'échelon dont elle fait partie se disposera à faire feu.

(a) Dans tous les changemens de front, chaque batterie doit se former en colonne sur la section voisine de l'infanterie.

Retraite en échiquier.

L'artillerie marchera en retraite par demi-batterie ; dans chaque batterie, la demi-batterie de droite suivra le mouvement des bataillons impairs, la demi-batterie de gauche celui des bataillons pairs.

Dispositions contre la cavalerie.

Le commandant en chef ayant commandé :

Colonne contre la cavalerie,

Le capitaine de la batterie de droite commandera *Par pièce et par caisson demi-tour à gauche*—MARCHE; il commandera ensuite *Pièces à hauteur des intervalles des bataillons*, le chef de la première section commandera *Pièces impaires en avant*, le chef de la troisième section *Pièces paires tête de colonne à droite ;* les pièces impaires, dirigées par le chef de la première section, se rapprochent, en obliquant à droite, à vingt pas du flanc de la colonne, et s'arrêtent successivement : la première à hauteur du premier intervalle, la troisième à hauteur du second, la cinquième à hauteur du troisième ;

Les chevaux de devant du sixième caisson ayant dépassé de vingt pas la gauche de la première division, le chef de la troisième section commande *Tête de colonne à gauche*, et les deuxième, quatrième et sixième pièces vont se placer respectivement à hauteur des mêmes intervalles que les pièces impaires de leurs sections; toutes font *demi-tour à gauche*, au commandement de leurs chefs, aussitôt qu'elles arrivent dans les positions qu'elles doivent occuper;

Le capitaine de la seconde batterie commandera :

Pièces à hauteur des intervalles des bataillons, le chef de la première section commandera *Pièces impaires en avant*, et ensuite *Par pièce et par caisson oblique à gauche ;* le chef de la troisième section commandera *Pièces paires tête de colonne à gauche ;* les deux colonnes par pièce que forme alors la seconde batterie, dirigées comme celles de la première par les chefs des première et troisième sections, vont se placer à hauteur des cinquième, sixième et septième intervalles.

Lorsque le commandant en chef commandera :

Formez le carré,

Les commandans des pièces impaires commanderont : *Caissons oblique à gauche, feu de flanc à droite ;* les commandans des pièces paires, *Caissons oblique à droite, feu de flanc à gauche ;*

Les caissons vont se placer obliquement en travers des intervalles, les pièces sont disposées pour le feu de flanc ; les chevaux reculant d'abord de sept ou huit pas, obliquent ensuite pour se rapprocher des chevaux des caissons.

Reformer la colonne.

Le commandant en chef ayant commandé :

Formez les divisions,

Les commandans des pièces impaires commanderont : *Pièces en avant, caissons à droite*—MARCHE ; les commandans des pièces paires, *Pièces en avant, caissons à gauche*—MARCHE ;

Les pièces se redressent et sont aussitôt après arrêtées par leurs chefs ; les caissons font à droite ou à gauche, et, la colonne se mettant en mouvement, ils se placent derrière leurs pièces respectives.

Note. Lorsqu'après avoir manœuvré, les

troupes devront défiler, l'artillerie entrera dans la colonne et marchera aux places correspondantes à celles qu'elle occupait dans la ligne.

Observation. Devant l'ennemi, l'artillerie n'est pas assujettie à suivre pas à pas les mouvemens des troupes auxquelles elle est attachée; elle approprie alors ses manœuvres à l'exécution des ordres particuliers qu'elle reçoit d'après les considérations propres à l'emploi de cette arme.

INSTRUCTION

SUR LE SERVICE DE L'ARTILLERIE EN CAMPAGNE.

L'artillerie constitue une des principales forces de l'armée, et c'est sur son organisation plutôt que sur celle des autres armes, qu'on peut fonder l'espérance de l'heureux succès d'une campagne. Nos dernières guerres où l'artillerie a suppléé en partie une cavalerie totalement désorganisée et une infanterie à peine exercée, ont prouvé la vérité de cette assertion; mais aussi il est vrai de dire que cette arme spéciale, en France, a toujours été supérieure à celle de même nature chez les autres puissances : nos artilleurs sont caractérisés par leur calme et leur présence d'esprit dans le combat, ils possèdent le mérite principal et presque exclusif qui consiste à tirer avec justesse et célérité, et ces avantages ils les doivent non seulement à l'instruction approfondie qu'ils puisent dans les écoles spéciales et régimentaires, mais encore à la bonne organisation de leurs équipages et aux sages dispositions qu'on prend pour la construction de tous les objets qui les composent. Malgré cette supériorité de moyens personnels et matériels, l'artillerie n'aurait qu'une médiocre influence dans la tactique moderne, si elle n'était sagement combinée avec les autres armes et si son emploi n'était pas déterminé suivant les circonstances.

Pour qu'une armée jouisse de toute la mobilité qu'elle doit avoir, il ne faut pas qu'elle forme une seule masse; mais elle doit, au contraire, être divisée en plusieurs parties principales qu'on appelle *corps d'armée*. Les corps d'armées eux-mêmes sont divisés en d'autres parties qu'on nomme *divisions*. Ainsi un corps d'armée comprend des divisions d'infanterie et cavalerie. L'artillerie est attachée aux divisions, ou forme des *réserves*; elle se trouve donc combinée avec les autres armes, ou comme *artillerie de division* ou comme *artillerie de réserve*. Dans quelle proportion cette combinaison doit-elle avoir lieu? est une question à laquelle on ne peut répondre d'une manière absolue. Ainsi il se peut qu'un général plus manœuvrier, plus habile que son adversaire, ayant dans sa main une meilleure infanterie, obtienne des succès pendant une partie de la campagne, quoique son artillerie soit bien inférieure en nombre, mais au jour décisif d'une action générale il sentira cruellement son infériorité en artillerie. Tel était le sentiment de Napoléon qui voulait que chaque corps d'armée de 40,000 fût appuyé par 120 bouches à feu et divisé ainsi qu'il suit :

4 divisions d'infanterie ayant chacune 2 divisions d'artillerie présentant un effectif de 16 bouches à feu servies par 240 artilleurs.

3 divisions de cavalerie formant le 1/4 des 40,000 hommes et appuyées par 4 divisions d'artillerie, dont 2 attachées à la division de grosse cavalerie.

3 divisions d'artillerie en réserve.

Quant à la nature des bouches à feu, il voulait que sur les 120 destinées à ces 40,000 hommes, il y en eût 18 du calibre de 12 et 30 obusiers. Le total des voitures composant le parc d'un pareil corps d'armée s'élevait, suivant ce système, à 600.

L'opinion du grand capitaine relativement à l'effet de l'artillerie était qu'une division, forte de 16 pièces de canon bien placées et servies par de bons canonniers, devait tuer, blesser ou disperser 5,000 hommes d'infanterie commençant leur mouvement à 600 toises des batteries, et cela avant qu'ils eussent parcouru les 2/3 de la distance. Il pensait encore que si l'ennemi occupait, avec une batterie forte de 5o à 6o bouches à feu, une belle position, on l'attaquerait en vain avec 4,ooo chevaux et 8,ooo hommes d'infanterie de plus que lui, à moins de lui opposer une batterie d'égale force sous la protection de laquelle les colonnes d'attaque s'avanceraient et se déploieraient.

On dit communément que l'artillerie est moins nécessaire avec une bonne infanterie qu'avec une médiocre, et l'avis de Napoléon était que plus l'infanterie est bonne et plus elle doit être ménagée et appuyée par de bonnes batteries.

Ces diverses citations nous prouvent que le rapport de l'artillerie aux autres armes doit être plus considérable qu'on ne l'évalue ordinairement, car l'autorité de Napoléon en cette matière doit être d'un grand poids, et au lieu de compter deux bouches à feu par 1,ooo hommes, nous en compterons 3 par 1,ooo, et nous dirons encore avec notre guide que l'on doit plutôt dépasser cette proportion que rester au-dessous à l'égard de la cavalerie, à laquelle l'artillerie est plus nécessaire qu'à l'infanterie, puisque généralement elle ne rend pas de feu et ne peut se battre qu'à l'arme blanche.

La réserve d'artillerie formera, d'après les principes précédens, le cinquième de son effectif; elle se composera principalement de batteries à cheval et de celles de gros calibre; elle servira en cas de besoin à porter des coups décisifs. On tiendra la réserve hors des insultes de l'ennemi, en profitant des replis de terrain, et la conservant, s'il est possible, à la bonne portée du canon, afin de la faire agir efficacement aussitôt que l'ordre en sera donné.

Chez les modernes, l'art d'occuper une position, pour y camper ou pour s'y battre, est soumis à tant de considérations, qu'on peut dire qu'ils n'ont pas et ne peuvent pas avoir d'ordre naturel de bataille. Ainsi l'armée doit-elle se ranger sur plusieurs lignes, et quelle distance doivent-elles mettre entre elles? Où doit-on placer la cavalerie et l'artillerie? Doivent-elles être en réserve derrière l'infanterie, dans les intervalles des divisions, ou placées sur les ailes? Doit-on mettre en action dès le commencement de la bataille toute son artillerie? etc., etc. La solution de toutes ces questions dépend d'une foule de circonstances, du nombre et de l'espèce de troupes composant l'armée, du rapport qui existe entre les deux armées, de leur moral, du but qu'on se propose, de la nature du champ de bataille, de la position qu'occupe l'armée ennemie et du caractère du chef qui la commande, et enfin, on ne peut et on ne doit prescrire rien d'absolu; nous nous bornerons à quelques préceptes généraux applicables à l'artillerie.

Dans toute position militaire et dans toute ligne de bataille, il y a certains points contre lesquels il est à présumer que l'ennemi dirigera de préférence ses attaques, parce que leur possession assurera celle de la position toute entière, soit en coupant la ligne de bataille, soit en la prenant à revers ou d'écharpe et en menaçant toutes les communications. C'est à la défense de pareils points, qu'on peut appeler la clef d'une position militaire, qu'il faut surtout faire concourir l'artillerie. Des batteries du plus fort calibre de bataille doivent, sous le nom de *batteries de position*, défendre de tous côtés les approches de ces points d'attaque principaux.

N. B. Ainsi, dans le combat qui eut lieu sous les murs de Paris en 1814, le point d'attaque principal était le village de La Chapelle; une fois maître de cet endroit, l'ennemi se trouvait sous le canon de Montmartre, et on prenait à dos les hauteurs de Belleville. Les Français, qui le savaient fort bien, couvrirent toute la plaine jusqu'à Aubervilliers, d'un feu croisé d'artillerie, de manière qu'ils rendirent tout-à-fait impossible la formation des colonnes d'attaque du corps du général Yorck.

Il est indispensable que le général d'artillerie connaisse l'ensemble des opérations de l'armée, non seulement pour approvisionner les divisions d'armes et de munitions, mais encore pour qu'il puisse disposer son artillerie, comme on vient de le voir, dans le plus parfait rapport avec les desseins du général en chef et avec le but qu'il se propose d'atteindre.

Aucune position ne pouvant être regardée comme inexpugnable, une des principales qualités que doit offrir celle qu'on choisit, c'est de présenter une issue facile pour la retraite, et un des premiers soins qu'on doit prendre, c'est de la faire connaître aux commandans des batteries, afin qu'ils sachent positivement dans quelle direction ils devront se retirer, si cela devient nécessaire.

Dans le choix de l'emplacement des batteries, on doit prendre en considération, avant tout, les avantages que peuvent offrir les localités, mais toujours de manière à ce que le feu de l'artillerie ne puisse nuire aux mouvemens des autres troupes. Pour cela, il est nécessaire de faire en sorte que les lignes de tir forment avec la position des angles très-ouverts, pour que les troupes puissent se former en colonnes d'attaque, et se porter en avant dans les intervalles qu'elles laissent libres. Aussitôt donc qu'on s'aperçoit que les lignes de tir forment des angles trop aigus, les bouches à feu doivent abandonner leur position, et se porter en avant, lors même que le terrain n'y paraîtrait pas aussi favorable que celui qu'elles quittent. Cette règle est pour l'attaque. Dans la défense, on doit, au contraire, faire croiser les lignes de feu en avant du front de la position.

Du reste, le terrain le plus favorable à l'artillerie de campagne est une plaine unie, ou dont la pente douce s'abaisse en avant des bouches à feu. Plus le terrain sera ferme et dur, plus les ricochets des boulets et la mitraille y deviendront meurtriers; plus le terrain sera découvert, mieux on pourra apprécier les distances. Il faut éviter de placer les bouches à feu sur des élévations dont elles ne puissent parfaitement battre le pied. On doit surtout profiter des accidens de terrain qui peuvent masquer plus ou moins l'artillerie, et la garantir des coups de l'ennemi, sans gêner son action.

Les enfoncemens, les bas-fonds et les replis de terrain considérables, à proximité des batteries, serviront à dérober leurs avant-trains et caissons au feu de l'ennemi pendant une canonnade prolongée.

A un choix judicieux de l'emplacement de l'artillerie dans les batailles, il faut joindre un sage emploi des munitions.

C'est ordinairement l'artillerie qui engage une affaire. Les batteries de l'ennemi tireront probablement sur tous les points de notre front; mais il ne faudra pas se laisser induire en erreur par cette démonstration. Souvent l'assaillant prolonge pendant des heures entières des canonnades qui n'ont d'autre but que de masquer ses projets, et il tombe ensuite, avec toutes ses forces, sur un seul point de la ligne attaquée. Si, dans cette circonstance, l'artillerie a épuisé ses munitions, elle se trouvera hors d'état de résister à l'effort de l'ennemi.

L'objet principal de cette arme dans une bataille est de diriger son feu sur les points où l'ennemi paraît vouloir former ses colonnes d'attaque, ou sur ces colonnes déja formées et jamais sur leur artillerie. Il est probable que l'ennemi fera avancer des batteries contre les nôtres, pour les démonter et les faire taire; mais il ne faudra pas y faire attention, et on ne devra pas moins continuer à tirer vigoureusement sur les masses en les prenant d'écharpe ou d'enfilade.

Réciproquement, si l'ennemi concentre le feu de ses batteries sur un point de notre ligne, et nous fait éprouver une perte considérable, il n'y a pas d'autre moyen pour détourner son feu, que de lui opposer de suite une nouvelle batterie dans une position d'où on puisse le battre en flanc ou en rouage.

Dans tous les cas, c'est un principe dont l'artillerie ne doit jamais s'écarter, que de régler et d'entretenir son feu avec plus ou moins d'intensité et de rapidité, suivant les circonstances, de manière à ne jamais manquer de munitions.

Nous ne parlons pas ici de l'emploi de l'artillerie dans les positions retranchées, parce que celles-ci peuvent être comparées à une place forte, où l'on est préparé à toute espèce d'attaque et disposé à y résister. Dans ces circonstances, le commandant de l'artillerie d'une armée se trouve avec le général en chef de cette armée, dans les mêmes rapports que le commandant de l'artillerie d'une place assiégée avec le gouverneur de cette place. Les uns et les autres doivent agir alors de concert, et éviter toute mésintelligence qui pourrait devenir très-nuisible au bien du service.

Il ne nous reste plus, pour terminer ce chapitre relatif au service de l'artillerie en campagne, que d'indiquer les dispositions essentielles qu'elle doit observer dans ses marches, dans les affaires de postes, et passages de fleuves ou rivières.

Dans toutes les marches de l'artillerie de quelque espèce qu'elles soient, la chose à laquelle on doit veiller avec le plus d'attention, c'est de faire en sorte qu'elle n'arrête ni ne ralentisse jamais les mouvemens des colonnes; et pour y parvenir,

1° Il faut, dès qu'une voiture ne peut continuer sa route, parce qu'elle a une roue, un essieu ou un timon cassé, qu'elle soit mise à l'écart.

2° A moins que la route ne soit d'une très-grande largeur, les voitures n'en doivent pas suivre le milieu, elles doivent se tenir constamment sur un des côtés, afin de pouvoir tourner sur place en cas de besoin.

3° L'artillerie ne doit pas marcher à la tête ou à la queue des colonnes, mais elle doit toujours avoir au moins un bataillon ou deux escadrons devant et derrière elle.

4° Il doit y avoir au moins une mèche allumée par pièce, et on ne doit pas permettre de les battre pour raviver le feu.

N. B. Les Anglais fixent à leurs affûts de petites boîtes doublées en cuivre, dans lesquelles ils cachent et mettent à l'abri le bout de mèche allumé.

5° Les voitures doivent constamment marcher du même pas, et il doit être expressément défendu aux canonniers conducteurs de les faire arrêter suivant leurs caprices, et de les faire courir ensuite pour rejoindre celles qui précèdent.

6° Les voitures de chaque colonne seront réduites au plus petit nombre possible, c'est-à-dire qu'on évitera, tant qu'on le pourra, les trop longues files de voitures, ou qu'on divisera la totalité de l'artillerie en autant de colonnes séparées que les chemins et les autres circonstances locales le permettront.

Dans les affaires de postes ou d'avant-garde l'artillerie doit avoir toute la mobilité possible, et combattre divisée en sections, dont les pièces tirent alternativement, de sorte que l'une ne fait feu que lorsque l'autre est chargée.

2° Elle ne doit point soutenir de longues canonnades, l'ennemi ne cherchant ordinairement à les engager que pour masquer ses mouvemens.

3° Elle doit se tenir constamment en communication immédiate avec les autres troupes, afin que celles-ci ne se trouvent pas engagées dans un combat désavantageux.

4° Elle doit changer souvent d'emplacement, en profitant des accidens de terrain favorables pour dérober ses mouvemens aux yeux de l'ennemi, et lui persuader qu'il a à lutter contre plusieurs batteries.

Dans un combat d'arrière-garde, l'artillerie doit toujours être prête à repousser une attaque, et à faire même une longue résistance; ses dispositions doivent donc être faites en conséquence. Ordinairement, l'arrière-garde se retire en suivant une route frayée. Une section d'artillerie s'y place, et se retire la première, tandis que les deux autres placées sur le côté de la route croisent leur feu sur la chaussée, pour y retarder les progrès de l'ennemi; puis la première s'arrête et prend une position favorable pour donner aux autres le temps de se retirer à leur tour.

Si l'on a un défilé en arrière, le mouvement de retraite doit s'exécuter par section, mais avec la plus grande célérité. La dernière section est celle qui doit fermer le passage et s'y tenir jusqu'à la dernière extrémité. Aussitôt que les pièces auront tiré leur dernier coup, qui doit être à cartouches à balles, l'infanterie, accourant de droite et de gauche, se placera derrière les canons, en se formant en masse serrée, et en présentant la baïonnette à l'ennemi. L'artillerie se retirera ensuite le plus promptement possible à travers le défilé.

Dans le passage de vive force d'un fleuve, l'artillerie doit d'abord chercher à démonter les bouches à feu de l'ennemi placées sur la rive opposée. Aussitôt que l'infanterie effectue son passage, les batteries de gros calibre doivent appuyer son attaque, et diriger leur feu sur les troupes ennemies.

S'il est question de s'opposer au passage d'un fleuve, l'artillerie doit agir soit contre les troupes ennemies, soit contre les pontonniers qui construisent le pont, et cela en tirant plusieurs salves à la fois, pour mettre le désordre plus promptement dans leurs opérations. Si l'ennemi voulait tenter le passage en se servant de bateaux, l'artillerie devrait chercher alors à les couler bas par des tirs plongeans.

Lorsque le fleuve dont on défend le passage n'est pas très-large, les artilleurs ne doivent point être exposés sans défense au feu de l'infanterie ennemie, et il faut alors couvrir les pièces d'un épaulement ou les placer plus en arrière.

DES EFFETS DE L'ARTILLERIE DE BATAILLE.

On appréciait principalement autrefois l'effet des bouches à feu par la distance à laquelle elles pouvaient porter des projectiles très-pesans; aussi avait-on, dans ce temps-là, des canons de très-gros calibres, comme ceux dont les Autrichiens et les Suédois firent usage en campagne dans la guerre de 30 ans, et qui étaient du calibre de 16.

Plus tard, on reconnut qu'on pouvait alléger beaucoup les pièces de campagne, et obtenir encore des résultats très-satisfaisans dans les combats. On jugea dès-lors l'effet des bouches à feu d'après la probabilité plus ou moins grande qu'elles offraient d'atteindre l'ennemi, en supposant leur plus grande portée utile de 500 à 600 toises, distances au-delà desquelles l'œil le plus exercé ne peut bien juger l'effet des coups. C'est d'après ce principe qu'on s'est borné, en France, aux calibres de 8 et de 12 pour la guerre de campagne, parce que les bonnes portées moyennes de ces pièces ne dépassent pas les limites de 500 à 600 toises.

La probabilité de toucher un but d'une hauteur déterminée, de 6 pieds, par exemple, varie dans les pièces du calibre que nous venons de citer avec la distance du but et, par conséquent, avec l'angle sous lequel on tire le canon. L'expérience apprend que, lorsque les boulets ont peu de vent et sont bien confectionnés, les portées du but en blanc ou d'un degré (1) et celles de deux degrés d'élévation ne diffèrent pas l'une de l'autre, pour la plus grande partie des coups, de plus de 90 toises; et on peut donc estimer qu'en tirant, sous cette inclinaison, sur un panneau de 6 pieds de hauteur, le nombre des coups qui toucheront sera du tiers à la moitié du nombre total. Sous l'angle de 3 degrés, la probabilité de toucher n'est plus que la moitié de la précédente. Cette probabilité croîtrait avec la hauteur du but. Ainsi, avec un panneau de 9 pieds, l'effet augmenterait dans le rapport de 6 à 9, ou de 2 à 3. En sorte que, dans le tir de but en blanc, sur de la cavalerie, par exemple,

---

(1) Dans le tir de but en blanc, la ligne suivant laquelle on vise fait un angle d'un degré avec l'axe de l'ame de la pièce.

les trois quarts des coups porteront, tandis qu'en tirant sur de l'infanterie, on peut espérer au plus que la moitié des coups porte.

La différence des portées sous un même angle et avec une même charge, qui fait qu'une pièce, tirant à une certaine distance sur un but d'une hauteur donnée, n'offre qu'une certaine probabilité de le toucher, provient surtout du vent des boulets et de l'irrégularité de leurs formes. Avec les obusiers, les différences de portées dans des circonstances égales sont plus considérables qu'avec les canons dans le rapport de .7 à 5; ce qui tient surtout à l'inégalité d'épaisseur des parois des obus d'un même calibre, inégalité qui est d'autant plus grande que les parois sont plus minces.

Nous voyons quelles sont à-peu-près les probabilités de frapper un but, relativement à sa hauteur, et nous devons en conclure que trop au-delà de la distance de but en blanc, qui est de 270 toises à 300 toises pour les pièces de 8 et de 12, on ne peut guère compter sur des effets utiles, surtout si l'on tire sur des lignes d'infanterie. Nous avons supposé que le but présentait un front indéfini; si nous considérons un but d'une largeur circonscrite, la probabilité de toucher diminue encore, mais dans une faible proportion : ainsi, à la distance du but en blanc, la déviation latérale du canon de 12 est de 2 toises environ pour le nombre total des coups, et cette déviation ne s'élève qu'à 15 toises, lorsqu'on tire à une distance double; il faut en excepter quelques coups, dont les déviations sont quelquefois prodigieuses, mais qui ne prouvent rien contre la règle générale, puisqu'elles résultent de circonstances fortuites.

On a remarqué aussi que les déviations latérales à égalité de portées, sont beaucoup plus considérables dans les petits calibres que dans les gros, ce qui tient sans doute à ce qu'ils sont d'une forme moins régulière, et qu'ils ont plus de surface que les gros, proportionnellement à leur poids.

Nous voyons également, par ce qui précède, que les déviations latérales augmentent dans un bien plus grand rapport que les portées, et qu'en conséquence elles sont proportionnellement plus grandes dans les longues portées que dans les petites.

Quant aux obusiers, l'expérience prouve que leurs déviations latérales, quand on emploie de fortes charges, sont deux à trois fois plus grandes que celles des canons.

De ces données, chaque artilleur peut déduire des règles pratiques pour obtenir le meilleur effet de l'arme dont l'emploi lui est confié. Le tir de plein fouet que l'on vient d'étudier n'est pas le seul dont on tire parti en campagne, on compte aussi sur l'effet du ricochet, qui a lieu, suivant la nature du terrain, sous l'angle de chute de 4 à 30 degrés au plus. Dans le plus grand nombre de cas l'angle d'incidence est à peu près double de l'angle sous lequel le boulet a été tiré. Quant à l'angle de réflexion, il est très-irrégulier à cause de la diversité des terrains, il n'est quelquefois pas plus grand que l'angle de tir, mais le plus souvent il est double ou triple, et la longueur des ricochets est en raison inverse de la grandeur de cet angle de réflexion. A cet égard l'expérience a appris que sur un terrain dur et uni, le premier ricochet est beaucoup plus grand qu'aucun des autres ; que le second ricochet est à peu près moitié moins grand que le premier, le troisième moitié moins grand que le second, et ainsi de suite ; que le premier bond ou ricochet est d'une telle hauteur, qu'il reste entre la première et la seconde chute un espace considérable, dans lequel le boulet se trouve assez éloigné de la terre pour passer par-dessus un homme à cheval, et que c'est seulement dans les derniers ricochets qu'il reste toujours assez près de la terre pour rencontrer un objet de 6 pieds de hauteur.

Quant aux déviations de ces coups que nous appellerons coups roulans pour les distinguer des coups de plein fouet, la plupart des expériences s'accordent en ce point, que, pour des portées égales, les déviations des boulets ne sont pas plus grandes dans les coups roulans que dans les coups de plein fouet.

L'espace total parcouru par un boulet lancé de but en blanc sur un terrain horizontal, est de 700 à 800 toises, en y comprenant tous les bonds ou ricochets, et l'on peut admettre qu'à cette distance une pièce de 8 ou de 12 atteindra à coups roulans une fois sur quatre, un but de 6 pieds de haut et de 15 toises de large. Quand on tire de haut en bas, on estime qu'un tiers du nombre total des boulets touchera un but de ces mêmes dimensions.

L'effet des coups roulans des obusiers, en tant qu'il s'agit de toucher, est à peu près égal à celui des canons; mais il faut ajouter l'effet produit par l'explosion des obus.

Dans toutes les estimations d'effet que nous venons d'indiquer, nous avons supposé que la distance du but était bien connue, et que l'on choisissait l'angle convenable à cette distance ; mais si l'on se trompe de 50 toises sur la distance ou de $\frac{1}{3}$ de degré en dessus ou en dessous sur l'élévation convenable, l'effet est d'environ $\frac{1}{3}$ plus petit ; si l'erreur est de 100 toises dans l'estimation de la distance, ou de $\frac{2}{3}$ de degré dans l'élévation, l'effet est de $\frac{2}{3}$ plus petit ; et lorsqu'elle s'élève à 150 toises sur la distance ou à 1 degré sur l'élévation, il est presque certain que l'on ne touchera pas.

On voit par-là de quelle importance il est pour un artilleur de savoir bien évaluer les distances et de connaître exactement les hausses correspondantes. Nous recommanderons aussi, pour éviter le plus possible de tirer inutilement quand on veut commencer le feu à de grandes distances, de bien examiner l'effet de chaque coup. Cependant il ne faudra pas changer de direction ou d'élévation aussitôt après les premiers coups; car, comme nous l'avons dit, de grandes irrégularités dans le tir peuvent provenir de quelques accidens particuliers ; mais lorsque 5 à 6 coups de suite ont porté tous trop à gauche ou trop à droite, ou bien qu'ils ont été tous trop longs ou tous trop courts, il devient indispensable de rectifier la direction ou le pointement. Pour juger l'effet de leurs coups, quelques canonniers se placent derrière leurs pièces, et d'autres sur le côté d'où vient le vent. Les accroissemens de la charge de poudre au-delà d'un certain terme ne procurant que de faibles accroissemens de portée, on a dû, pour ne pas en consommer inutilement, s'arrêter pour les charges du canon de bataille, à ce terme, qui est le tiers du poids du boulet.

Les obus étant destinés à agir moins par la quantité de mouvement que par leur explosion, on a dû, pour éviter en même temps qu'une trop forte impulsion ne brisât leurs parois, les lancer avec des charges moindres. Ainsi, par exemple, l'obusier allongé dit de 24, ne se tire ordinairement qu'avec 1 livre de poudre, quoique son projectile pèse de 13 à 14 livres, et l'obusier allongé de 6 pouces se charge seulement avec 2 livres de poudre, quoique son projectile pèse de 23 à 24 livres.

Tirées de plein fouet, ces pièces ne peuvent donc pas porter à une distance très-considérable, à moins d'être pointées sous de grands angles, et alors nous avons vu combien s'af-

faiblissait la probabilité de toucher le but ; c'est
donc le tir à ricochet qui leur appartient spécialement, c'est par lui qu'on pourra faire arriver
les projectiles par plusieurs bonds peu relevés,
qui, ne leur ôtant pas assez de force pour en
trop diminuer l'effet, donneront plus de cer-
titude de leur faire atteindre le but ou les buts
successifs sur lesquels on tire ; plutôt que de
s'exposer à manquer tout-à-fait ce but par
des coups de plein fouet tirés à de grandes
distances. Pour les canons, le tir à ricochet et
celui de plein fouet seront identiques ; c'est-
à-dire que le premier jet aura pour but de
porter le projectile sur le point à battre, et
la première chute par suite de l'inclinaison
de la pièce ou de la nature du terrain, sera
suivie de quelques ricochets, dont l'utilité sera
abandonnée au hasard ; car le but de l'action
de l'artillerie étant bien moins de tuer des
hommes que d'empêcher ou de favoriser les
mouvemens des troupes ennemies ou amies,
et de préparer aux autres armes le moment
de déployer toutes leurs propriétés, on ne
doit pas considérer comme un succès impor-
tant les pertes qu'on ferait ainsi éprouver à
son adversaire.

Le tir de plein fouet est généralement em-
ployé contre les corps de troupes étendus en
ligne de bataille et contre les batteries ennemies, en réunissant successivement le feu de
toute une batterie ou demi-batterie, sur chacune des pièces.

Le tir à ricochet est celui qui a le plus d'action sur les colonnes profondes, soit qu'on les prenne de front, soit qu'elles se présentent d'écharpe. L'obus est principalement alors d'une grande utilité, parce qu'ayant moins de vitesse initiale que le boulet, il parcourt le terrain par des bonds plus multipliés et plus rapprochés. C'est ce projectile, qui ira trouver l'ennemi dans les villages, derrière les abris et les plis de terrain, dont il cherche à se couvrir, et portera le désordre dans les lignes ennemies, à la distance de 1000 à 1100 toises, par son explosion qui lance des éclats à plus de 100 toises de distance.

Les effets des deux espèces de tir que nous venons d'examiner, sont relatifs surtout aux objets que l'on se propose de battre. Il en est une autre dont l'effet dépend davantage de la distance à laquelle on agit, et de l'opportunité du moment; nous voulons parler du tir à balles, communément appelé tir à mitraille. Si on l'emploie à des distances trop rapprochées, la dispersion des balles sera à peine sensible, et l'on ne frappera qu'un point comme ferait un boulet, avec cette différence que la quantité de mouvement dans le premier cas, sera moindre que dans le second dans le rapport du poids d'une balle à celui d'un boulet; si au contraire on fait usage des boîtes à balles à de trop grandes distances, le cône suivant lequel elles se dispersent sera si évasé, que quelques balles seulement animées d'une faible vitesse, frapperont le but. L'expérience a démontré à cet égard que les boîtes de 41 balles dans les pièces de 8 et 12, donnaient les résultats les plus avantageux quand on tirait à des distances comprises entre 200 et 250 toises, c'est-à-dire aux distances voisines du but en blanc; mais en ayant soin alors de donner de 10 à 15 lignes de hausse. On a reconnu qu'en réunissant ces conditions et supposant un terrain peu accidenté, le tiers des balles atteignait un front de 36 toises de large et 1 toise de haut. Les poids respectifs des boîtes à balles pour le 8 et le 12 sont de 14 livres et 21 livres, et les charges sont les mêmes que pour les boulets. De plus fortes charges, sans produire des effets sensiblement plus grands, fatigueraient considérablement les affûts.

Les obusiers de campagne actuellement en usage donnent des résultats analogues aux canons avec des boîtes de 60 balles tirant à la charge de 3 livres sous l'angle de 4 degrés; c'est-à-dire qu'à 250 toises environ ils portent le tiers du nombre total de balles sur un front de 1 toise sur 36. Les effets de la mitraille sont encore supérieurs à ceux du canon jusqu'à 150 toises, mais au-dessous de cette limite les balles n'atteignent plus qu'en masse. C'est donc au moment où l'ennemi s'avance en-deçà de la distance du but en blanc des canons, et particulièrement lorsque les colonnes d'attaque commencent à se déployer pour exécuter les feux de mousqueterie, ou que les escadrons s'ébranlent pour charger, qu'il convient d'employer le tir à mitraille. Ce sont les têtes de colonne en mouvement qu'il faut attaquer avec ce feu.

Les boulets enlèveront impunément des files entières et n'arrêteront pas l'impétuosité de l'assaillant ; mais que la moitié des hommes qui forment le front d'une colonne soit frappée : d'abord l'hésitation, puis bientôt le désordre, si le feu redouble, gagnera les second et troisième rangs et se communiquera jusqu'aux derniers.

Tout ce que nous avons dit dans les précédens chapitres est applicable aux pièces de 4 que sert l'artillerie nationale des départemens, en prenant comme limite supérieure de ce calibre ce qui est assigné comme limite inférieure pour le 8. On trouvera dans l'Instruction officielle de l'artillerie de la garde nationale, les quantités rigoureuses des charges, portées, hausses, etc., relatives à ce calibre. Elles sont consignées soit dans les notes de pointage, soit dans la partie pyrotechnique.

FIN.

TABLE DES MATIÈRES.

Pages

1° Examen détaillé des différentes parties intégrantes du matériel de campagne.   7

2° Composition matérielle et personnelle des batteries suivant le nouveau système d'artillerie....................   41

3° Des attelages et de la conduite des voitures d'artillerie....................   47

4° Chargement et approvisionnement des caissons et coffres à munitions.....   78

5° Mouvemens de l'artillerie combinés avec ceux des autres armes..........   95

6° Service de l'artillerie en campagne. 118

7° Effets de l'artillerie de bataille.... 130